JN000405

これがほんとの

お弁当の
きほん

井原裕子

成美堂出版

CONTENTS

お弁当カタログ88

メインおかずでひける INDEX

目的別 INDEX

1 お弁当箱は容量で選ぶといい

ご飯とおかず（2〜3品）のバランスは、上から見た面積で1:1が基本。
約500㎖容量のお弁当箱の半分にご飯を詰めると、
およそ茶碗1杯分（150g）が入ります。
お弁当箱は形も大きさもいろいろで、どれを選べばいいのか迷いますが、
普段自分が食べているご飯の量を基準にして、
容量を目安にお弁当箱を探すのがおすすめです。

ご飯の量に合うお弁当箱のサイズ(容量)

ご飯	お弁当箱
茶碗1杯分（150g）	約500㎖
茶碗1杯分強（180g）	約600㎖
どんぶり1杯分（240g）	約800㎖

お弁当の
お弁当を
知ってお

2 手もお弁当箱もよく洗う

調理前に手をよく洗うのはもちろん、調理中に生の肉や魚介、
卵をさわった後は必ず手をきれいに洗いましょう。
お弁当箱はすみずみまで洗い、パッキンがあるものは外して洗い、十分に乾かします。

3 しっかり加熱するのが大事！

朝、調理する肉や魚介、卵のおかずは、
中心部まで加熱することが大事です。
卵焼きやゆで卵も半熟ではなく、完全に火を通します。
そのまま食べられるハムやちくわなども加熱調理をすると安心です。

4 作りおきも朝、再加熱する

冷蔵しておいたおかずやご飯は、
必ず電子レンジで十分に再加熱します。
耐熱容器に入れてラップをかけ、80℃以上になるまで加熱。
中心部まで熱くなり、ラップに湯気がつくくらいが目安です。

5 余分な水分は大敵！

お弁当が傷む大きな原因が水けや汁け、つまり水分です。
炒めた肉は調味料の汁をきり、あえものは絞るか
キッチンペーパーで汁けを取って詰めます。
仕切りにする青じそも水けをよく取りましょう。

きほんの〈き〉
作る前に
きたいこと

6 完全に冷ますのが鉄則

おかずやご飯が温かいうちにふたをすると、
蒸気がこもって水分になり、傷みの原因になります。
ご飯は冷めにくいので最初に詰めておきます。
おかずはそれぞれ冷ましてから詰めるほうが、早く冷めます。

1 フライパンは 大小2つが便利

お弁当作りでもっともよく使うのがフライパン。
肉と野菜を一緒に炒めるときは直径26㎝、
肉や魚だけを焼くときは直径20㎝が使いやすいサイズ。
フライパンで野菜をゆでて、そのまま同じフライパンで
炒めものをすれば時短になります。

26cm

20cm

2 卵焼きは卵焼き器におまかせ！

もちろんフライパンでも焼けますが、
卵焼き器があると手早く作れ、形もきれいに仕上がります。
時間が惜しいお弁当作り。
どんどん道具に助けてもらいましょう。

お弁当の お弁当 大活躍

3 せん切りはスライサーで

なるべく包丁を使わないことも時短ポイント。
せん切りはスライサーで手早くすませましょう。
包丁で切ったものより、調味料のなじみもよいのです。

4 キッチンペーパーは いろいろ使える

炒めものや揚げものはいったんキッチンペーパーにのせ、
汁や油をきってからお弁当箱へ。
粉をまぶすときなどは、まな板の上にキッチンペーパーをのせて
作業をし、後はペーパーを捨てれば片づけ完了。

5 効率的に冷ますには「あおぐ」

熱がこもりやすい揚げものなどのおかずは、
大きい平皿＋キッチンペーパーの上に広げ、
うちわであおぐと効率的に早く冷ませます。

6 おかずの仕切りは紙製カップを

いろいろな材質のカップがありますが、
使い捨てできる紙製が手軽で衛生的です。

きほんの〈ほ〉
作りで
する道具

7 抗菌シートを活用する

温度や湿度が高くなる梅雨時や夏場は、
市販の抗菌シートを使っても。
銀イオンやわさび、緑茶などの効果があるシートを、
お弁当の上にのせてからふたをします。

8 暑い時期は保冷剤をつける

暑い時期やお弁当を持ち歩く時間が長いときは、
多少重くなりますが凍らせた保冷剤を添えると安心です。

ブロッコリーの裏に調味料をイン

ゆでブロッコリーを添えるときは、
房の裏側にマヨネーズ、練り梅、みそなどを
ちょっと塗っておきます。

青じそを長持ちさせる方法

殺菌作用があってお弁当の仕切りに向く青じそは、
ぬらしたキッチンペーパーに包んでから
保存袋で冷蔵すると長持ちします。

揚げものにはベーキングパウダーを

肉や魚にまぶす小麦粉に少量のベーキングパウダーを
混ぜておくと、時間がたってもカリッとした食感が保てます。

お弁当の ちょっ でもすごく役

汁けを吸ってくれる縁の下の力持ち

あえものを詰めるときは、底に乾物類を敷くと汁もれしにくくなり、
さらにひと味プラスされておいしさもアップ。

ちりめんじゃこ　焼きのり

カットわかめ　ドライトマト　すり白ごま　塩昆布　削り節

粉チーズ　いり白ごま　赤じそふりかけ　桜えび　いり黒ごま

手作りの甘酢とフレンチドレッシング

時間があるときに作って冷蔵しておくと、ちょっとだけ使うときに役立ちます。
作り方はそれぞれ調味料をよく混ぜ合わせるだけ。保存は冷蔵で2週間ほどを目安に。

甘酢(作りやすい分量)
酢…大さじ4
水、砂糖…各大さじ2
塩…小さじ½

フレンチドレッシング(作りやすい分量)
オリーブ油…50㎖
酢…30㎖
塩…小さじ½
こしょう…少々

少量の野菜のレンジ加熱早見表

それぞれ耐熱容器に入れて水大さじ1～2をふり、
ラップをふんわりかけて
電子レンジ(600W)で加熱します。

野菜	分量	加熱時間
ブロッコリー	1～3房	30秒～1分
にんじん(せん切り)	50g	1分
さやいんげん	50g	1分
かぼちゃ(角切り)	50g	1分30秒
ピーマン(細切り)	1個分	1分30秒
スナップえんどう	2本	20秒

きほんの〈ん〉
とした、
立つ知恵袋

お弁当におすすめの ピタリと味が決まる調味料

油脂やだし、うまみで味が補強されている混合調味料は、
冷めても味がはっきりしている。

お弁当におすすめの ひと味違う風味をつける調味料

冷めた状態で食べるお弁当に、いつもと違う
香りや辛みをつけるとぐっとおいしさが増します。

この本のお弁当の考え方

この本のお弁当はご飯＋メインおかず1品＋サブおかず2品を基本形にしています
（のっけ弁当やチャーハン弁当、スープジャー弁当は除く）。
味のバランスなどお弁当としてのおいしさを第一に考えたうえで栄養面にも気を配っています。

サブおかず①

卵焼きや煮ものなど、食べごたえのあるサブおかずです。

時短するなら！
作りおきのおかず（「作りおきのサブおかず」P194〜201）を活用すれば、朝はレンジで再加熱するだけ。

サブおかず②

さっぱりした野菜のあえものなどを少量詰めます。

時短するなら！
軽く塩もみした野菜（「塩もみ野菜カタログ」P206〜207）を使えば、さっとひと手間で完成。

ご飯

ご飯とおかずは1:1のバランスで詰めましょう。例えば約500㎖容量のお弁当箱の半分に詰めると、ご飯は約150g（約252kcal）です。

メインおかず

肉や魚介を80〜100g使って作るおかずです。この1品でおおむね1食に必要なたんぱく質がとれます。

時短するなら！
下味に漬けた肉（「肉の下味調理カタログ」P202〜205）を使うと、朝は焼くだけ炒めるだけでOK。

この本の使い方

- お弁当1人分の量を想定した、量りやすく作りやすいレシピです。
  お弁当箱のサイズによって詰めきれない場合もありますが、そのときは当日中に食べきってください。
- 作りやすい分量とは、1回に調理しやすく使いやすい分量です。
- 塩は粗塩、特に指定のない場合のしょうゆは濃い口しょうゆ、みりんは本みりん、酒は清酒、砂糖は上白糖、だし汁は昆布と削り節からとったものを使用しています。
- 小さじ1は5㎖、大さじ1は15㎖です。
- 野菜やきのこは特に指定のない場合は皮をむく、ヘタや筋、種を取る、根元や石づきを切るなどの下ごしらえをすませてからの手順を説明しています。

お弁当カタログ

#88

豚のしょうが焼き弁当

絶対よろこばれる、お弁当の決定版

豚のしょうが焼き

材料

豚ロース肉(しょうが焼き用)
　…3枚(100g)
片栗粉…大さじ1/2
サラダ油…大さじ1/2

A
- おろししょうが
　…小さじ1
- 酒…大さじ1
- しょうゆ…大さじ1
- 砂糖…小さじ1

作り方

1 豚肉は肉と脂の間を数か所筋切りし、片栗粉を両面に薄くまぶす。片栗粉をまぶすと調味料がからみやすくなる。

2 フライパンに油を中火で熱して1を入れ、焼き色がついたら裏返し、2分ほど焼いて火を通す。

3 Aを加え、肉にからめながら煮詰める。

お弁当のきほんワザ

キッチンペーパーの上で粉をまぶすと片づけがラク

れんこんとしめじの梅いり煮　➡ 作りおき　P. 201

適量を電子レンジで温める。

キャベツのおかかあえ　➡ 塩もみ野菜　P. 207

キャベツの塩もみ適量の水けを絞り、削り節少々を混ぜる。

温かいご飯、たくあん

鶏つくね弁当

鶏つくね

材料

肉だね

| 鶏ひき肉…100g
| 長ねぎ(みじん切り)
| …3cm分
| おろししょうが
| …小さじ1/4
| いり白ごま…大さじ1/2
| 酒…大さじ1/2
| 片栗粉…大さじ1/2

サラダ油…小さじ1

A | みりん…大さじ2
      | しょうゆ…大さじ1

作り方

1 ボウルに肉だねの材料を入れ、粘りが出るまで混ぜ、4等分して小判形にまとめる。

2 フライパンに油を中火で熱して**1**を入れ、2分ほど焼いて焼き色がついたら裏返し、ふたをして弱火で4分ほど蒸し焼きにして火を通す。

3 **A**を加え、弱めの中火でからめる。

お弁当のきほんワザ

肉だねに
片栗粉を混ぜると
時間がたっても
やわらかい

切り干し大根とにんじんのいり煮　　→ 作りおき P.194

適量を電子レンジで温める。

きゅうりの塩もみ　　→ 塩もみ野菜 P.206

適量の水けを絞り、すり白ごま少々をふる。

温かいご飯、塩昆布、青じそ

 豚肉

 鶏肉

□ 牛肉

☑ **ひき肉** □ 魚

／

甘辛味

きれいな三色に気分がアガります

鶏そぼろ

材料

鶏ひき肉…100g
おろししょうが…小さじ1/3
水…大さじ2
酒…大さじ1
しょうゆ…大さじ1
砂糖…大さじ1/2

作り方

1 フライパンにすべての材料を入れ、ひき肉をほぐしながらよく混ぜる。

2 弱めの中火にかけ、煮立ってきたら絶えず菜箸で混ぜ、煮汁がほぼなくなるまで3〜4分煮て火を通す。

お弁当のきほんワザ

火にかける前にひき肉をほぐしておくとダマにならない

卵そぼろ

材料

卵…1個
酒…大さじ1
砂糖…小さじ1
塩…ひとつまみ

作り方

1 小さいボウルに卵を割ってほぐし、残りの材料を加えて混ぜる。

2 フッ素樹脂加工のフライパンに**1**を入れて弱めの中火にかけ、絶えず菜箸で混ぜ、そぼろ状になるまで2〜3分いる。

ほうれんそうのナムル

➡ 作りおき **P. 195**

適量を1cmくらいに刻み、電子レンジで温める。

温かいご飯

04

焼き鮭弁当

ビジュアルで胃袋をわしづかみ

焼き鮭

材料
塩鮭(甘口)…1切れ

作り方

1 フライパンを中火で熱し、縁の立ち上がりに鮭を寄せて皮を焼いてから、両面を火が通るまで焼く。

[Memo] 朝食用に2〜3切れ焼くならグリルが便利だが、1切れなら後片づけの手間も考えてフライパンが最適。

卵焼き

材料
卵…2個
サラダ油…大さじ1
A 酒…大さじ1
砂糖(好みで)…小さじ1
塩…ひとつまみ

作り方

1 ボウルで卵をときほぐし、**A**を加えて混ぜる。

2 卵焼き器に油を中火で熱し、余分な油はキッチンペーパーに吸わせる。**1**の1/3量を入れ、半熟状になったらまとめて端に寄せる。キッチンペーパーの油を塗り、残りの1/2量を加え、寄せた卵の下にも流す。ほぼ固まったら巻いて端に寄せ、残りも同様に焼く。

3 好みで巻きすかキッチンペーパーで巻き、網にのせて冷ます。ひと口大に切り、好みの量を詰める。

[Memo] 残った卵焼きは冷蔵庫で保存し、その日のうちに食べきる。

ごぼうとにんじんのきんぴら

➡ 作りおき **P.196**

適量を電子レンジで温め、いり白ごまをふる。

かぶの塩もみ

➡ 塩もみ野菜 **P.207**

適量の水けを絞る。

温かいご飯

お弁当のきほんワザ

グリルより
フライパンで時短。
縁に押しつけて
皮をパリッと焼く

□ 豚肉

□ 鶏肉

□ 牛肉

□ ひき肉

☑ 魚 ／

あっさり味

05

ハンバーグ弁当

ハンバーグはみんな大好き

ハンバーグ

材料

肉だね
| 合いびき肉…80g
| 玉ねぎ…1/4個(40g)
| パン粉…大さじ1
| 牛乳…大さじ1
| 塩…ひとつまみ
| こしょう…少々

ピーマン…1個

サラダ油…小さじ1

A
| 酒…大さじ1
| トマトケチャップ
| …大さじ1
| ウスターソース
| …大さじ1

作り方

1 ボウルにパン粉を入れ、牛乳をかけてやわらかくする。

2 玉ねぎはみじん切りにして耐熱容器に入れ、電子レンジ(600W)で30秒加熱し、そのまま冷ます。

3 ピーマンは食べやすい大きさに切る。

4 1にひき肉、2、塩、こしょうを加えて粘りが出るまで混ぜ、2等分して小判形にまとめる。

5 フライパンに油を中火で熱し、ピーマンをさっと焼いて取り出す。続けて4を焼き、焼き色がついたら裏返し、ふたをして弱火で5分ほど蒸し焼きにして火を通す。

6 5のフライパンにピーマンを戻し、**A**を加え、スプーンでソースをかけてからめる。

> **お弁当のきほんワザ**
>
> 牛乳＋パン粉、玉ねぎを加えるとハンバーグがかたくならない

きのこのチーズマリネ

→ 作りおき P. 199

適量を電子レンジで温める。

温かいご飯、フリルレタス(水けをよくふく)、いり白ごま

#06

鶏のから揚げ弁当

味がしみたから揚げは無敵です

鶏のから揚げ

材料

鶏もも肉（から揚げ用）…80g

A 酒…大さじ1/2

しょうゆ…大さじ1/2

片栗粉…大さじ2

ベーキングパウダー

…小さじ1/4

サラダ油…大さじ3

作り方

1 ボウルに鶏肉を入れて**A**を加え、水分が見えなくなるまでよくもみ込む。

2 片栗粉、ベーキングパウダーを加えて混ぜる。

3 小さめのフライパンに油を入れて中温に熱し、弱めの中火で**2**を2〜3分揚げる。裏返して2分ほど揚げ、火を通す。

お弁当のきほんワザ

よくもんで
調味料を肉に
吸わせると
ジューシーに
揚がる

アスパラのゆずこしょうマヨあえ

材料

グリーンアスパラガス…2本

A マヨネーズ…大さじ1/2

ゆずこしょう

…小さじ1/2

作り方

1 アスパラは4cm長さに切る。

2 フライパンに湯を沸かし、**1**を色よくゆでる。水に取って冷まし、水けをきって**A**を加えてあえる。

[Memo] アスパラをゆでてからから揚げを作ると、フライパンを洗う手間が省ける。

にんじんしりしり

→ 作りおき P. 197

適量を電子レンジで温める。

温かいご飯、小梅干し、青じそ

□豚肉

☑ **鶏肉**

□牛肉

□ひき肉

□魚　／

こってり味

29

#07

オムライス弁当

卵を折ってのせるラフなスタイルで

オムライス

材料

ケチャップライス
温かいご飯…150g
ウインナーソーセージ
　…2本
玉ねぎ…40g
コーン…30g
ピーマン…1個
サラダ油…大さじ1/2
A ┌ トマトケチャップ
　│ 　…大さじ2
　└ 塩、こしょう…各少々
薄焼き卵
卵…1個
サラダ油…小さじ1

作り方

1 薄焼き卵を作る。ボウルで卵をときほぐす。フライパンに油を中火で熱し、卵を全体に流して焼く。表面が乾いてきたら4つ折りにして取り出す。

2 ケチャップライスを作る。玉ねぎは粗みじんに切り、ピーマンは1㎝角に切る。ソーセージは7㎜厚さの半月形に切る。

3 フライパンに油を熱し、弱めの中火で2、コーンを1〜2分炒め、ご飯を加えてほぐしながら1分ほど炒める。中央を空けてAを加え、ふつふつと煮立ってきたら全体に炒め合わせる。

［Memo］好みで卵の上にケチャップを絞っても。

お弁当のきほんワザ

煮立てて
ケチャップの
水分を飛ばすと
甘みが増す

　豚肉

　鶏肉

　牛肉

　ひき肉　　魚　／

こってり味

08

ちくわの磯辺揚げ弁当

ほんの少しの油で揚げられます

ちくわの磯辺揚げ

材料

ちくわ…1本
サラダ油…大さじ3
衣
　小麦粉…大さじ3
　ベーキングパウダー
　　…小さじ1/4
　水…大さじ3
　青のり…小さじ1/4

作り方

1 ちくわは縦半分、横半分に切る。

2 ボウルで衣の材料を混ぜ合わせ、**1**を浸してからめる。

3 小さめのフライパンに油を入れて中温に熱し、弱めの中火で**2**を2〜3分揚げる。

お弁当のきほんワザ

大さじ3の油で
揚げものOK。
衣がカリッと
したら裏返す

卵焼き

材料

卵…2個
サラダ油…大さじ1
　　酒…大さじ1
A 砂糖(好みで)…小さじ1
　　塩…ひとつまみ

作り方

1 ボウルで卵をときほぐし、**A**を加えて混ぜる。

2 卵焼き器に油を中火で熱し、余分な油はキッチンペーパーに吸わせる。**1**の1/3量を入れ、半熟状になったらまとめて端に寄せる。キッチンペーパーの油を塗り、残りの1/2量を加え、寄せた卵の下にも流す。ほぼ固まったら巻いて端に寄せ、残りも同様に焼く。

3 好みで巻きすかキッチンペーパーで巻き、網にのせて冷ます。ひと口大に切り、好みの量を詰める。

[**Memo**] 残った卵焼きは冷蔵庫で保存し、その日のうちに食べきる。

ピーマンとツナの甘カレー炒め　➜ 作りおき　P. 196

適量を電子レンジで温める。

温かいご飯、焼きのり(しょうゆをつけてのせる)、しば漬け

#09

ドライカレー弁当

忙しいときはこれ！スピーディカレー

ドライカレー

材料

合いびき肉…100g
玉ねぎ…40g
にんじん…20g
グリンピース（冷凍）…20g
サラダ油…小さじ1
酒…大さじ1
カレー粉
　…小さじ1〜大さじ1/2
　　ウスターソース
　　　…大さじ1
A　トマトケチャップ
　　　…大さじ1
　水…大さじ3

作り方

1 玉ねぎはみじん切りにし、にんじんはすりおろす。グリンピースは解凍する。

2 フライパンに油を弱めの中火で熱し、玉ねぎ、にんじんをしんなりするまで炒める。ひき肉をほぐしながら炒め、肉の色が変わったら、酒、カレー粉を加えて炒める。

3 A、グリンピースを加えて混ぜ、ふたをして弱火で3分煮る。

4 ふたを取って中火にし、混ぜながら水けを飛ばす。

お弁当のきほんワザ

カレー粉は酒と一緒に加えると肉によくなじむ

キャベツのクミンマリネ

→ 塩もみ野菜 P.207

キャベツの塩もみ40gの水けを絞り、甘酢（→P.15）小さじ1、クミンシード少々を混ぜる。

温かいご飯、うずら卵（水煮。半分に切る）

□豚肉　□鶏肉　□牛肉　☑ひき肉　□魚　／　のっけ弁

35

スナップえんどうの肉巻き弁当

スナップえんどうの肉巻き

材料
豚肉(しゃぶしゃぶ用)
　　…4枚
スナップえんどう…4本
サラダ油…小さじ1
A ┃ みりん…大さじ1
　　┃ しょうゆ…小さじ1
　　┃ 粒マスタード…小さじ1

作り方

1 スナップえんどうは筋を取り、豚肉を巻き、軽く握って密着させる。

2 フライパンに油を中火で熱し、**1**の巻き終わりを下にして2分焼き、裏返して1分半焼く。

3 **A**を加えて、上下を返しながらからめる。

火の通りが早い
しゃぶしゃぶ肉を
使えば
すぐ調理できる

卵焼き

材料
卵…2個
サラダ油…大さじ1
A ┃ 酒…大さじ1
　　┃ 砂糖(好みで)…小さじ1
　　┃ 塩…ひとつまみ

作り方

1 ボウルで卵をときほぐし、**A**を加えて混ぜる。

2 卵焼き器に油を中火で熱し、余分な油はキッチンペーパーに吸わせる。**1**の1/3量を入れ、半熟状になったらまとめて端に寄せる。キッチンペーパーの油を塗り、残りの1/2量を加え、寄せた卵の下にも流す。ほぼ固まったら巻いて端に寄せ、残りも同様に焼く。

3 好みで巻きすかキッチンペーパーで巻き、網にのせて冷ます。ひと口大に切り、好みの量を詰める。

[Memo] 残った卵焼きは冷蔵庫で保存し、その日のうちに食べきる。

じゃがいもの粉チーズあえ

材料
じゃがいも…1個(120g)
A ┃ 粉チーズ…大さじ1
　　┃ 塩…ひとつまみ
　　┃ こしょう…少々

作り方

1 じゃがいもは皮をむいてひと口大に切り、水にさらす。耐熱容器に入れて水大さじ1をふり、ラップをふんわりかけて電子レンジ(600W)で2分30秒加熱し、そのまま冷ます。

2 水けをきり、**A**を加えて混ぜる。

温かいご飯、小梅干し

#11

豚こまのピカタ弁当

豚こまのピカタ

材料

豚こま切れ肉…100g

A
- 酒…大さじ1/2
- 塩…ひとつまみ
- 片栗粉…大さじ1

卵…1個

塩…少々

サラダ油…小さじ1

作り方

1 ボウルで豚肉とAを混ぜ、3等分して軽く握る。

2 別のボウルで卵と塩をときほぐし、1を浸す。

3 フライパンに油を中火で熱し、2をスプーンですくって入れ、2分ほど焼く。裏返し、残った卵液は肉の下に流し、ふたをして弱火で2分ほど蒸し焼きにして火を通す。広がった卵は肉にかぶせる。

お弁当のきほんワザ

肉に対して
卵液が多いので
肉の下にも
流して焼く

玉ねぎとキャベツのケチャップ炒め

材料

玉ねぎ…50g

キャベツ…50g

サラダ油…小さじ1

A
- トマトケチャップ …大さじ1と1/2
- 塩、こしょう…各少々

作り方

1 玉ねぎは薄切りにし、キャベツはひと口大に切る。

2 フライパンに油を中火で熱して1を炒め、油が全体になじんだら、ふたをして弱火で2分ほど蒸し焼きにする。

3 ふたを取ってAを加え、炒め合わせる。

[Memo] ピカタを焼いた後のフライパンをそのまま使う。

きのこのチーズマリネ ➔ 作りおき P.199

適量を電子レンジで温める。

温かいご飯、しば漬け

☑ **豚肉**

☐ 鶏肉

☐ 牛肉

☐ ひき肉

☐ 魚 ／

あっさり味

#12

豚ヒレのみそ炒め弁当

豚ヒレのみそ炒め

材料
豚ヒレ肉（ひと口カツ用）
　…3枚（80g）
片栗粉…大さじ1/2
ごま油…大さじ1/2
A みりん…大さじ1
　　みそ…大さじ2/3

作り方

1 豚肉に片栗粉をまぶす。

2 フライパンに油を中火で熱し、**1**を入れて2分ほど焼く。焼き色がついたら裏返し、ふたをして1分ほど焼く。

3 火を止め、**A**を加えて混ぜ、弱めの中火にかけてからめる。

お弁当のきほんワザ

切らずに
すぐ使える肉
を選ぶと
スピーディ

ひじきとにんじんのいり煮

➡ 作りおき P.194

適量を電子レンジで温める。

かぶの塩もみ

➡ 塩もみ野菜 P.207

適量の水けを絞る。

温かいご飯、枝豆（冷凍。解凍してさやから出す）、青じそ

具だくさん豚汁弁当

生の野菜が保温3時間で食べ頃に

具だくさん豚汁

材料（容量400mlのスープジャー）
豚こま切れ肉…40g
大根（7mm厚さの輪切り）*
　…2枚
にんじん*…30g
かぼちゃ*…30g
長ねぎ…3cm
うずら卵（水煮）…1個
みそ…大さじ1と1/2
サラダ油…小さじ1/2
A ┃ おろししょうが
　　┃ 　…小さじ1/3
　　┃ 水…300ml
*皮や種を除いた分量。

作り方

1 大根とにんじんはいちょう切りにし、かぼちゃは1cm角に切る。長ねぎは小口切りにする。

2 スープジャーに、**1**、うずら卵を入れ、かぶるまで熱湯を注いで3分おく。

3 鍋に油、豚肉を入れて中火で炒める。肉の色が変わったら**A**を加え、煮立ったらみそを溶き入れる。

4 **2**の湯だけを捨て、**3**の豚肉を加えて汁を注ぎ、ふたをする。

［**Memo**］3時間保温すると、野菜が食べ頃になる。

お弁当のきほんワザ

野菜は熱湯で温めるだけ。炒めた豚肉とみそ汁を加える

☑ 豚肉

☐ 鶏肉

☐ 牛肉

☐ ひき肉

☐ 魚 ／

スープジャー

14

牛肉と玉ねぎのクミン炒め弁当

お弁当にスパイスをプラスすると新鮮

牛肉と玉ねぎのクミン炒め

材料

牛切り落とし肉…100g

玉ねぎ…30g

クミンシード*…少々

ローズマリー（あれば）…1茎

サラダ油…大さじ1/2

A | 塩…小さじ1/4
　　　| こしょう…少々

＊クミンパウダーの場合は**A**と
一緒に加える。

作り方

1 玉ねぎは5mm厚さに切る。

2 フライパンに油とクミンシードを入れて弱火にかけ、香りが立ったら中火にし、牛肉、**1**、ローズマリーを加えて炒める。

3 肉をほぐしながら炒め、肉の色が変わったら**A**を加えて炒める。

にんじんと大豆のフレンチサラダ

→ 塩もみ野菜　P.206

材料

にんじんの塩もみ
　（→P.206）…20g

蒸し大豆…20g

フレンチドレッシング
　（→P.15）…大さじ1

作り方

1 にんじんの塩もみは水けをきってボウルに入れ、大豆、ドレッシングを加えてあえる。

> **お弁当のきほんワザ**
>
> にんじんは
> キッチンペーパー
> で水けを取ると
> 手早い

蒸しもち麦を混ぜた温かいご飯、しば漬け

15

鶏肉のオイスターみそ焼き弁当

下味がしみた肉はご飯の最強おとも

鶏肉のオイスターみそ焼き

➡ 肉の下味調理 P.204

材料

鶏むね肉のオイスターみそ漬け*
　…1袋

サラダ油…小さじ1

*冷凍ならば前夜から冷蔵庫で
解凍する。

作り方

1 フライパンに油を中火で熱し、鶏肉を入れて焼く。

2 肉の色が変わったら裏返し、ふたをして弱火で2分ほど焼いて火を通す。

卵焼き

材料

卵…2個

サラダ油…大さじ1

A ┌ 酒…大さじ1
　│ 砂糖（好みで）…小さじ1
　└ 塩…ひとつまみ

作り方

1 ボウルで卵をときほぐし、**A**を加えて混ぜる。

2 卵焼き器に油を中火で熱し、余分な油はキッチンペーパーに吸わせる。**1**の1/3量を入れ、半熟状になったらまとめて端に寄せる。キッチンペーパーの油を塗り、残りの1/2量を加え、寄せた卵の下にも流す。ほぼ固まったら巻いて端に寄せ、残りも同様に焼く。

3 好みで巻きすかキッチンペーパーで巻き、網にのせて冷ます。ひと口大に切り、好みの量を詰める。

[Memo] 残った卵焼きは冷蔵庫で保存し、その日のうちに食べきる。

えのきのおかか煮

➡ 作りおき P.198

適量を電子レンジで温める。

かぶの赤じそあえ

➡ 塩もみ野菜 P.207

かぶの塩もみ30gの水けを絞り、赤じそふりかけ少々を混ぜる。

温かいご飯、青じそ

お弁当のきほんワザ

下味つきなら
焼くだけで
味つけの必要なし！

#16

鮭の照り焼き弁当

鮭を手軽に焼くならフライパンです

鮭の照り焼き

材料

生鮭…1切れ
片栗粉…大さじ1/2
エリンギ…小1本
塩、こしょう…各少々
ごま油…小さじ1/3
サラダ油…小さじ1

A
- おろししょうが…小さじ1/2
- みりん…大さじ1
- しょうゆ…大さじ1/2
- 砂糖…大さじ1

作り方

1 鮭はキッチンペーパーではさんで水けを取り、片栗粉を薄くまぶす。

2 エリンギは長さを半分に切り、4つ割りにする。

3 フライパンにサラダ油を中火で熱し、**1**、**2**を2分ほど焼く。裏返してふたをし、弱火で2分ほど焼く。エリンギを取り出してボウルに入れ、塩、こしょう、ごま油をふって混ぜる。

4 いったん火を止め、フライパンの余分な油をふく。弱火にかけて**A**を加え、スプーンで鮭にかけてからめる。

お弁当のきほんワザ

キッチンペーパーの上で片栗粉をまぶして賢く時短

ほうれんそうのごまあえ

材料

ほうれんそう…60g

A
- めんつゆ（3倍濃縮）…小さじ1
- 水…小さじ1
- すり白ごま…小さじ1

作り方

1 ほうれんそうは株元を少し切って水の中でふり洗いし、4cm長さに切る。

2 フライパンに湯を沸かし、**1**を1分ほどゆで、水に取って冷ます。

3 **2**の水けを絞ってボウルに入れ、**A**を加えてあえる。

温かいご飯、たくあん

お弁当のきほんワザ

ほうれんそうを先にゆでそのフライパンで鮭を焼く

□ 豚肉

□ 鶏肉

□ 牛肉

□ ひき肉

☑ **魚** ／

甘辛味

17

ピーマンの肉巻きカレー照り焼き弁当

いつもの照り焼きにカレー粉をプラス

ピーマンの肉巻きカレー照り焼き

材料
豚肉(しゃぶしゃぶ用)…4枚
ピーマン…2個
サラダ油…小さじ1
A | しょうゆ…大さじ1/2
　　 | みりん…大さじ1
　　 | カレー粉…小さじ1/4

作り方
1 ピーマンは縦4等分に切る。

2 豚肉を広げ、**1**を2切れずつのせて巻き、軽く握って肉を密着させる。

3 フライパンに油を中火で熱し、**2**の巻き終わりを下にして入れ、2分ほど焼く。焼き色がついたら裏返して1分半ほど焼き、**A**を加えてからめる。

火の通りがよい
しゃぶしゃぶ肉
で時短する

卵焼き

材料
卵…2個
サラダ油…大さじ1
A | 酒…大さじ1
　　 | 砂糖(好みで)…小さじ1
　　 | 塩…ひとつまみ

作り方
1 ボウルで卵をときほぐし、**A**を加えて混ぜる。

2 卵焼き器に油を中火で熱し、余分な油はキッチンペーパーに吸わせる。**1**の1/3量を入れ、半熟状になったらまとめて端に寄せる。キッチンペーパーの油を塗り、残りの1/2量を加え、寄せた卵の下にも流す。ほぼ固まったら巻いて端に寄せ、残りも同様に焼く。

3 好みで巻きすかキッチンペーパーで巻き、網にのせて冷ます。ひと口大に切り、好みの量を詰める。

[Memo] 残った卵焼きは冷蔵庫で保存し、その日のうちに食べきる。

ミニトマトのおかかポン酢あえ

材料
ミニトマト…3個
ポン酢しょうゆ…大さじ1/2
削り節…2g

作り方
1 ミニトマトは竹串か楊枝で10か所くらい刺して穴を開ける。

2 ボウルに**1**を入れ、ポン酢しょうゆ、削り節の半量を加えてあえる。残りの削り節は、弁当箱の底に敷いて汁けを吸わせる。

[Memo] ミニトマトはヘタの周りに雑菌が多いので、必ずヘタを取ってから洗う。

竹串で穴を
開けておくと
味がよくしみ込む

温かいご飯、赤じそふりかけ

18

枝豆つくねの照り焼き弁当

照り焼きはアンコールの常連

枝豆つくねの照り焼き

材料

鶏ひき肉…100g

枝豆(豆のみ)…30g

片栗粉…大さじ1/2

酒…大さじ1/2

塩…ひとつまみ

サラダ油…小さじ1

A │ みりん*…大さじ1
  │ しょうゆ…大さじ1/2

*または砂糖小さじ1

作り方

1 ボウルに枝豆を入れて片栗粉をまぶす。

2 1にひき肉、酒、塩を加え、粘りが出るまで混ぜ、2等分して小判形にまとめる。

3 フライパンに油を中火で熱し、2を入れて2分ほど焼き、焼き色がついたら裏返し、ふたをして2分ほど焼く。

4 Aを加えてからめる。

お弁当のきほんワザ

枝豆に片栗粉をまぶすとつくねがまとまりやすい

パプリカの塩昆布あえ

材料

パプリカ(赤)…1/2個

塩昆布…大さじ1/2

ごま油…小さじ1/2

作り方

1 パプリカは縦半分に切り、横に細切りにする。

2 フライパンに湯を沸かし、1を入れて1分ほどゆで、水けをきる。

3 ボウルに2、塩昆布、ごま油を入れて混ぜ、キッチンペーパーにのせて汁けをきる。

[Memo] 豆もやしも一緒にゆで、そのフライパンでつくねを焼けば大幅な時短に。

お弁当のきほんワザ

あえた野菜はキッチンペーパーにのせ、汁をきりながら冷ます

豆もやしと桜えびの甘酢あえ

材料

豆もやし…100g

桜えび…大さじ1

甘酢*(→P.15)…大さじ1

*またはすし酢

作り方

1 フライパンに湯を沸かし、豆もやしを入れて、1分ほどゆで、水けをきる。

2 ボウルに1、桜えび、甘酢を入れて混ぜ、キッチンペーパーにのせて汁けをきる。

温かいご飯、小梅干し

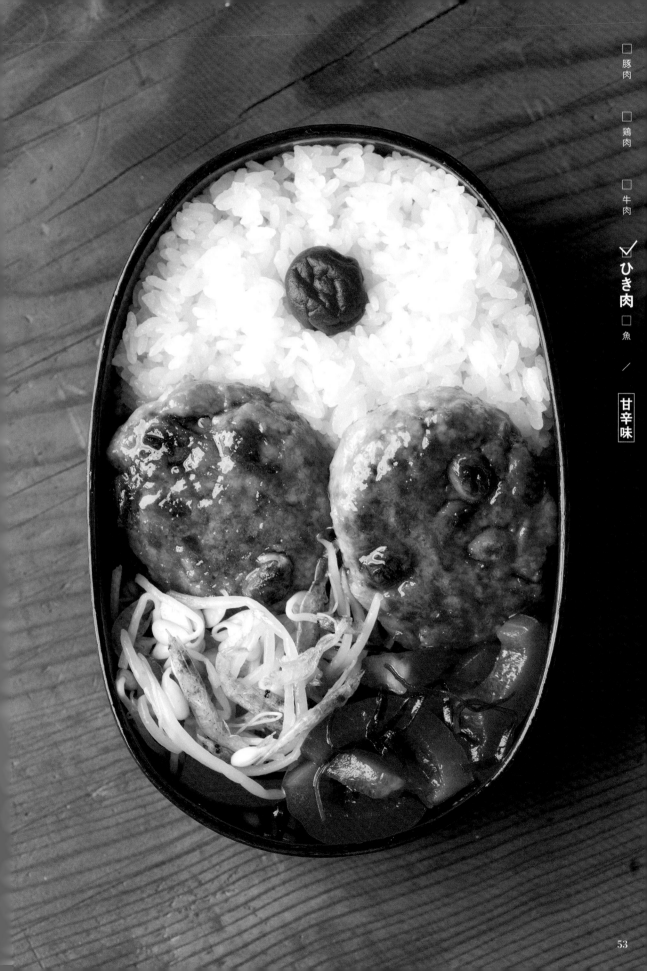

19

鶏肉のピカタ弁当

ひと味違う、チーズ入りの濃厚ピカタ

鶏肉のピカタ

材料
鶏むね肉(そぎ切り)
　…3切れ(100g)
塩…ひとつまみ
小麦粉…大さじ1/2
卵…1個
粉チーズ…大さじ1
サラダ油…小さじ1

作り方

1 鶏肉はキッチンペーパーにのせて全体に塩をふり、小麦粉を薄くまぶす。

2 ボウルで卵をときほぐして粉チーズを混ぜ、**1**を浸す。

3 フライパンに油を中火で熱し、**2**を入れて2分ほど焼く。肉を裏返し、残った卵液は肉の下に流し、ふたをして弱火で2分ほど焼いて火を通す。広がった卵は肉にかぶせる。

パプリカの粒マスあえ

材料
パプリカ(赤)…1/2個
A 粒マスタード…小さじ1/2
　　しょうゆ…小さじ1/3

作り方

1 パプリカは4等分の乱切りにする。

2 「鶏肉のピカタ」の作り方**3**で鶏肉と一緒に1分ほど焼いて取り出す。

3 ボウルに入れて**A**を加えてあえる。

ブロッコリーのおかかマヨあえ

材料
ブロッコリー…3房
A マヨネーズ…大さじ1
　　塩、こしょう…各少々
　　削り節
　　　…1/2パック(1g)

作り方

1 ブロッコリーは耐熱容器に入れて水大さじ1をふり、ラップをふんわりかけて電子レンジ(600W)で1分加熱する。

2 水に取って冷まし、キッチンペーパーで包んで水けをきる。

3 耐熱容器に戻し、**A**を加えてあえる。

温かいご飯、いり白ごま、青じそ

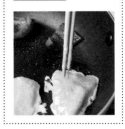

ひき肉のカレーチャーハン弁当

ひき肉のカレーチャーハン

材料
温かいご飯…200g
合いびき肉…100g
ピーマン…2個
カレー粉…大さじ1/2
クミンパウダー…少々
ウスターソース…大さじ1
塩…ひとつまみ
サラダ油…小さじ1

作り方

1 ピーマンは1cm角に切る。

2 フライパンに油を中火で熱し、ひき肉を入れてほぐしながら炒める。肉の色が変わったら1を加え、油がなじむまで炒める。肉から脂がたくさん出たら、キッチンペーパーでふき取る。

3 カレー粉、クミンを加えて全体になじませ、ご飯を加えてほぐしながら炒める。ソース、塩を加えてさっと炒める。

お弁当のきほんワザ

ひき肉から出た余分な脂を除くと調味料がなじみやすい

セロリとトマトのピクルス

材料
セロリ…30g
セロリの葉…少々
ミニトマト…2個
ドライトマト…1個
甘酢(→P.15)…大さじ1
こしょう…少々

作り方

1 セロリは小口切りにし、葉は粗く刻む。ミニトマトはヘタを取って洗い、半分に切る。ボウルに入れ、甘酢とこしょうを加えて5分ほどおく。

2 詰めるときにドライトマトをちぎって底に入れ、汁けをきった1を盛る。

お弁当のきほんワザ

ドライトマトを底に入れてピクルスの汁を吸わせる

□ 豚肉

□ 鶏肉

□ 牛肉

☑ ひき肉

□ 魚 ／

ピリ辛味

#21

ズッキーニのチーズ肉巻き弁当

ズッキーニのチーズ肉巻き

材料
豚肉(しゃぶしゃぶ用)…4枚
ズッキーニ…1/2本
スライスチーズ
　(溶けないタイプ)…2枚
塩、こしょう…各少々
サラダ油…小さじ1

作り方

1 ズッキーニは縦4等分に切り、チーズは半分に折って割る。

2 豚肉を広げ、**1**を1切れずつ端にのせて巻き、軽く握って肉を密着させる。

3 フライパンに油を中火で熱し、**2**の巻き終わりを下にして入れ、2分ほど焼く。転がしながらさらに2分ほど焼き、塩、こしょうをふる。

お弁当のきほんワザ

ズッキーニは
火の通りが
早いから
お弁当向き

卵焼き

材料
卵…2個
サラダ油…大さじ1
　酒…大さじ1
A 砂糖(好みで)…小さじ1
　塩…ひとつまみ

作り方

1 ボウルで卵をときほぐし、**A**を加えて混ぜる。

2 卵焼き器に油を入れて中火で熱し、余分な油はキッチンペーパーでふき取る。**1**の1/3量を入れ、半熟状になったらまとめて端に寄せる。キッチンペーパーで油を塗り、残りの1/2量を加え、卵の下にも流す。ほぼ固まったら巻いて端に寄せ、残りも同様に焼く。

3 好みで巻きすかキッチンペーパーで巻き、網にのせて冷ます。ひと口大に切り、好みの量を詰める。

[Memo] 残った卵焼きは冷蔵庫で保存し、その日のうちに食べきる。

パプリカのオレガノマリネ

材料
パプリカ(赤)…1/2個
　甘酢(→P.15)…大さじ1
A オリーブ油…小さじ1
　オレガノ(乾燥)…少々

作り方

1 パプリカは縦3等分にし、横半分に切る。

2 耐熱容器に**1**を入れて水大さじ1をふり、ラップをふんわりかけ、電子レンジ(600W)で30秒加熱する。水けをきって**A**を加えて混ぜ、冷ます。

温かいご飯、塩昆布、青じそ

22

鶏肉のコチュジャン焼き弁当

ちょっと甘くておいしいピリ辛味

鶏肉のコチュジャン焼き

➡ 肉の下味調理 P.204

材料

鶏もも肉のコチュジャン漬け＊
　…1袋

サラダ油…小さじ1

＊冷凍ならば前夜から冷蔵庫で
解凍する。

作り方

1 フライパンに油を中火で熱し、鶏肉を入れ
て焼く。

2 肉の色が変わったら裏返し、ふたをして弱
火で2分ほど焼いて火を通す。

お弁当のきほんワザ

下味調理は
肉にしっかり味が
しみているから
朝は焼くだけ
でOK！

糸こんにゃくの明太子炒め

➡ 作りおき P.197

適量を電子レンジで温める。

蒸しなすのポン酢あえ

材料

なす…1本

A
　おろししょうが
　　…小さじ1/4
　ポン酢しょうゆ
　　…小さじ1
　ごま油…小さじ1

作り方

1 なすは縦半分に切り、さっと水にさらし、
断面を合わせてラップで包む。

2 電子レンジ（600W）で1分30秒加熱し、
ラップごと水に取って冷ます。

3 1cm幅に切ってボウルに入れ、**A**を加えて
混ぜる。

温かいご飯、青じそ

23

豚こまのみそマヨ炒め弁当

マヨネーズ効果でお肉やわらか

豚こまのみそマヨ炒め

→ 肉の下味調理　P.205

材料

豚こまのみそマヨ漬け*
　…1袋
ピーマン…1個
サラダ油…小さじ1

＊冷凍ならば前夜から冷蔵庫で
解凍する。

作り方

1 ピーマンは縦半分に切り、乱切りにする。

2 フライパンに油を弱めの中火で熱し、豚肉、**1**を入れる。肉をほぐしながら、3分ほど炒めて肉に火を通す。

お弁当のきほんワザ

ピーマンも
肉と一緒に
炒めて
味つけ完了

ひじきとにんじんのいり煮

→ 作りおき　P.194

適量を電子レンジで温める。

白菜のおかかあえ

→ 塩もみ野菜　P.207

白菜の塩もみ30gの水けを絞り、削り節少々、しょうゆ小さじ1/3を混ぜる。

温かいご飯、小梅干し

ペッパーステーキ弁当

切り落としでステーキの食べごたえ

ペッパーステーキ

材料

牛切り落とし肉…100g

塩…少々

酒…大さじ1/2

片栗粉…大さじ1/2

サラダ油…大さじ1/2

A 酒…大さじ1/2
しょうゆ…大さじ1/2
黒粗びきこしょう…少々

作り方

1 ボウルに牛肉を入れて塩をふり、酒、片栗粉を加えて混ぜ、2等分して小判形にまとめる。

2 フライパンに油を中火で熱し、**1**を入れて2分ほど焼く。裏返してふたをし、弱火で2分ほど焼いて火を通し、**A**を加えてからめる。

3 冷めたらひと口大に切る。

お弁当のきほんワザ

酒と片栗粉を
混ぜれば
しっかり成形
できる

きのこのチーズマリネ

➜ 作りおき P. 199

適量を電子レンジで温める。

ブロッコリーの梅添え

材料

ブロッコリー…3房

練り梅…少々

作り方

1 ブロッコリーは耐熱容器に入れて水大さじ1をふり、ラップをふんわりかけて電子レンジ（600W）で1分加熱する。

2 水に取って冷まし、キッチンペーパーで包んで水けをきる。

3 房の裏側に練り梅を塗る。

温かいご飯

#25

豚肉とキャベツの
ウスターチャーハン弁当

パパッと炒めてソースで味決め

豚肉とキャベツのウスターチャーハン

材料
温かいご飯…200g
豚こま切れ肉…50g
キャベツ…100g
紅しょうが…大さじ1
サラダ油…大さじ1/2
A | ウスターソース
　　…大さじ1と1/2
　　塩、こしょう…各少々

作り方

1 キャベツは1cm幅に切り、長いものは3cmくらいに切る。紅しょうがは水けをきる。

2 フライパンに油を中火で熱して豚肉を炒め、色が変わったらキャベツを加え、しんなりするまで炒める。

3 ご飯を加えてほぐしながら炒め、ほぐれたらさらに1分ほど炒める。A、紅しょうがの順に加えて炒め合わせる。

[Memo] すぐ冷まして詰めたいときは、皿に広げてあおぐと早い。皿にラップを敷けば、洗う手間なし。

お弁当のきほんワザ

チャーハンをあおいで冷ませばさらに時短

ゆで卵

材料
卵…1個
いり黒ごま…少々

作り方

1 卵は固ゆでにして黄身に火を通し、水に取って冷ます。

2 殻をむいて半分に切り、ごまをふる。

26

ハムと卵のチャーハン弁当

ハムと卵のチャーハン

材料

温かいご飯…200g

ハム…2枚

長ねぎ…10cm

卵…1個

サラダ油…大さじ1/2

A しょうゆ…小さじ1/2
塩…小さじ1/4
こしょう…少々

作り方

1 ハムは1.5cm角に切り、長ねぎは小口切りにする。卵はときほぐす。

2 フライパンに油を中火で熱し、長ねぎを入れてしんなりするまで炒め、ハムを加えてさっと炒める。

3 ご飯を加えてほぐしながら炒め、少しほぐれたらとき卵を流し入れ、さらに炒める。ご飯がほぐれ、卵が固まったら**A**を加えて炒める。

お弁当のきほんワザ

炒めたご飯に
とき卵を流し
一緒に炒めて
スピードアップ

いんげんのごまあえ

材料

さやいんげん…50g

A めんつゆ（3倍濃縮）
…小さじ1
すり白ごま…小さじ2

作り方

1 いんげんは耐熱容器に入れて水大さじ2をふり、ラップをふんわりかけ、電子レンジ（600W）で1分加熱する。

2 水に取って冷まし、水けをきって3〜4等分し、ボウルに入れて**A**を加えて混ぜる。

とにかく急ぐときはチャーハンです

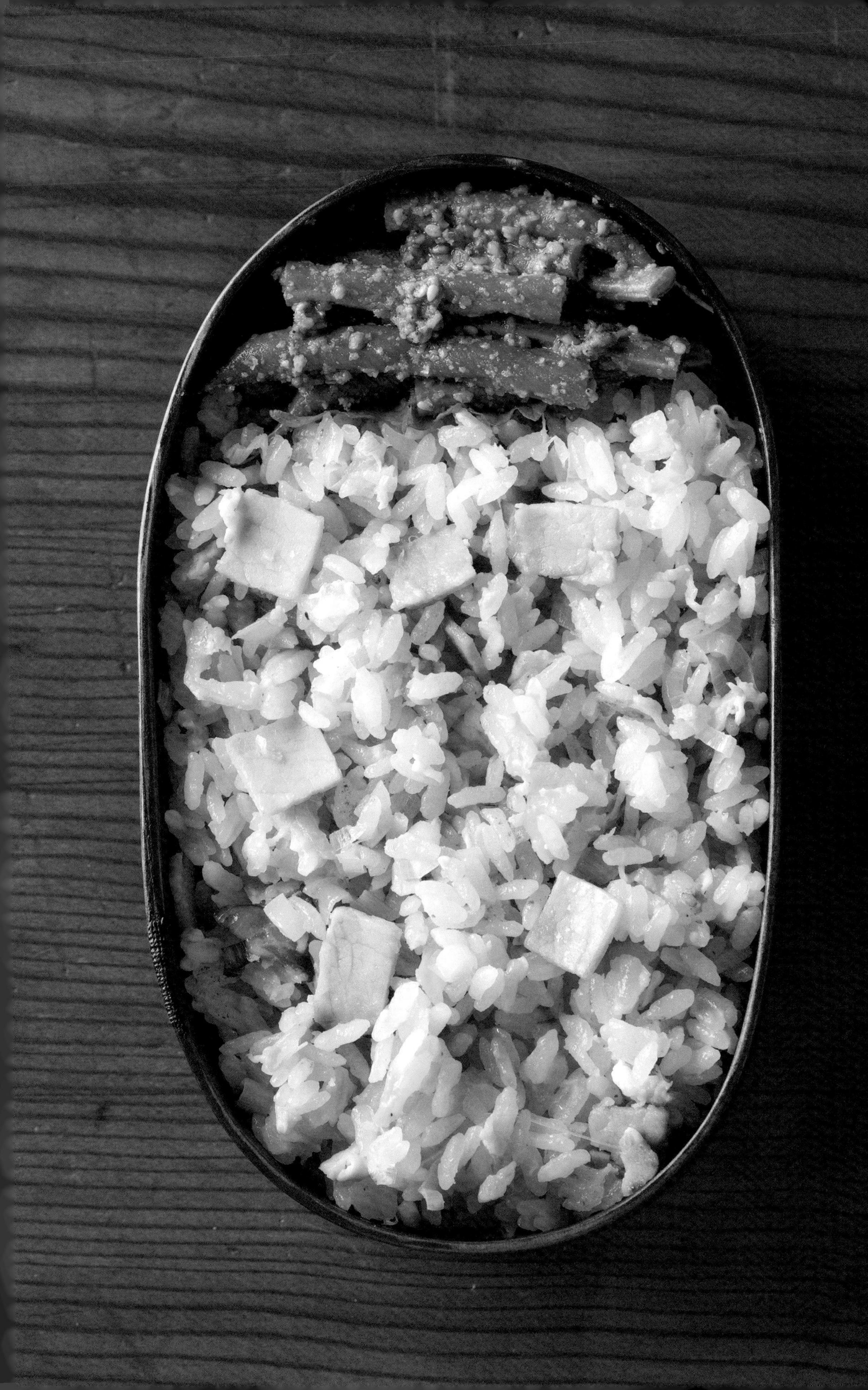

27

ささ身のから揚げ弁当

お昼になってもサックリの秘密

ささ身のから揚げ

材料

鶏ささ身（筋なし）…2本

A
　酒…大さじ1/2
　しょうゆ…大さじ1/2
　片栗粉…大さじ2

B
　ベーキングパウダー
　　…小さじ1/3

揚げ油…大さじ3

作り方

1 ささ身は4等分に切ってボウルに入れ、**A** を加えて混ぜ、次に**B**を加えて混ぜる。

2 小さめのフライパンに油を中火で熱し、**1** を入れて2分ほど揚げ、裏返して2分ほど 揚げる。

お弁当のきほんワザ

ベーキングパウダー 入りの片栗粉なら 少ない油でも サクッと揚がる

さつまいもの素揚げ

材料

さつまいも（1cm厚さの輪切り）
　…2切れ

サラダ油…大さじ1

作り方

1 さつまいもは4等分に切って水にさらし、 水けをふく。

2 フライパンに油を入れて弱めの中火で熱し、 **1**を2分ほど揚げ焼きにする。

[Memo] 素揚げの後でから揚げを作れば、フライパ ンがそのまま使える。

にんじんのごまあえ

→ 塩もみ野菜　P.206

にんじんの塩もみ適量の水けをきり、すり白ごま少々を混ぜる。

温かいご飯、青じそ

□ 豚肉

☑ 鶏肉

□ 牛肉

□ ひき肉

□ 魚 ／

あっさり味

#28

ツナとブロッコリーの
クリームスープパスタ弁当

保温調理20分。在宅ランチや夜食に

ツナとブロッコリーのクリームスープパスタ

材料(容量400mlのスープジャー)

ペンネ…40g

ブロッコリー…3房

玉ねぎ*…40g

プロセスチーズ…20g

A
- ツナ…1/2缶(35g)
- 牛乳…150ml
- 水…100ml
- 洋風スープの素(顆粒) …小さじ1/3
- 塩…小さじ1/3
- 黒こしょう…少々

*皮などを除いた分量。

作り方

1 玉ねぎは薄切りにして長さを半分に切る。ブロッコリーは大きい場合は半分に切る。チーズは1cm角に切る。

2 スープジャーに、**1**の玉ねぎとブロッコリー、ペンネを入れ、かぶるまで熱湯を注いで3分おく。

3 鍋に**A**を入れて沸騰直前まで温める。

4 **2**の湯だけを捨ててチーズを加え、**3**を注いでふたをする。

[Memo] 20分たてば食べられる。40分以上おくとパスタがのびるので、それまでに食べるのがベスト。

お弁当のきほんワザ

野菜とパスタを湯で温めてからスープを注ぎ保温調理

29

チーズいり卵とソーセージ弁当

冷蔵庫に卵とソーセージはありますか？

チーズいり卵とソーセージ

材料

卵…1個
プロセスチーズ…30g

A | 酒…大さじ1
| 塩…少々

ウインナーソーセージ…3本
トマトケチャップ…大さじ1
こしょう…少々
サラダ油…小さじ1

作り方

1 ボウルに卵、**A**を入れ、チーズをちぎって加え、混ぜ合わせる。

2 ソーセージは斜め半分に切る。

3 大きめのフライパンに油を中火で熱し、ソーセージを焼く。空いているところに**1**を流し、大きく混ぜながら火が通るまで焼き、菜箸で3〜4つに分けて取り出す。

4 **3**のソーセージにケチャップをかけてからめ、こしょうをふる。

お弁当のきほんワザ

ソーセージと
卵の同時調理で
手間と時間を
セーブする

キャベツとしめじのごま油あえ

材料

キャベツ…50g
しめじ…30g

A | ごま油…小さじ1
| めんつゆ（3倍濃縮）
| …小さじ1
| 水…小さじ1

作り方

1 キャベツはひと口大に切り、しめじはほぐす。

2 耐熱容器に**A**、しめじ、キャベツの順に入れる。ラップをふんわりかけ、電子レンジ（600W）で2分加熱し、混ぜ合わせる。

温かいご飯、塩昆布

豚肉　□鶏肉　□牛肉　□ひき肉　□魚　／

<label>□豚肉　□鶏肉　□牛肉　□ひき肉　□魚　／</label>

朝ラク

30

鮭の揚げ焼き弁当

揚げた鮭の香ばしさは格別

鮭の揚げ焼き

材料
生鮭…1切れ
しょうゆ…大さじ1/2
酒…大さじ1
片栗粉…大さじ1
サラダ油…適量

作り方

1 鮭はキッチンペーパーではさんで水けを取り、4つに切る。

2 ボウルに**1**を入れ、しょうゆ、酒を加えて混ぜ、なじんだら片栗粉を加えてまぶす。

3 小さめのフライパンに深さ1cmくらいまで油を入れ、中温に熱して**2**を入れる。弱めの中火で片面2分ずつ揚げる。

れんこんのごまマヨサラダ

材料
れんこん…60g
A | すり白ごま…大さじ1/2
　　 | マヨネーズ…大さじ1
　　 | 塩…ひとつまみ

作り方

1 れんこんは薄めの半月切りにし、さっと水にさらし、水けをきる。

2 フライパンに湯を沸かして**1**を入れ、透き通ってくるまで1分半ほどゆでる。

3 水けをきってボウルに入れ、**A**を加えて混ぜる。

[**Memo**] **2**の湯を捨てずにほうれんそうとエリンギをゆでれば時短になる。

ほうれんそうとエリンギのナムル

材料
ほうれんそう…40g
エリンギ…小1本
A | おろししょうが
　　 | 　…小さじ1/3
　　 | ごま油…小さじ1
　　 | 塩…ひとつまみ

作り方

1 ほうれんそうは株元を少し切って水の中でふり洗いし、4cm長さに切る。エリンギは縦横半分に切り、薄切りにする。

2 フライパンに湯を沸かし、**1**を1分ほどゆでてざるに上げる。

3 **2**の水けをきってボウルに入れ、**A**を加えてあえる。

温かいご飯、しば漬け

□ 豚肉

□ 鶏肉

□ 牛肉

□ ひき肉

✓ 魚 ／

こってり味

31

豚ヒレのポークチャップ弁当

豚ヒレのポークチャップ

材料

豚ヒレ肉（ひと口カツ用）
　…3枚
塩…少々
片栗粉…大さじ1/2
サラダ油…大さじ1/2

A
トマトケチャップ
　…大さじ1
ウスターソース
　…大さじ1/2
こしょう…少々

作り方

1 豚肉に塩をふり、片栗粉をまぶす。

2 フライパンに油を中火で熱し、1を入れて
2分ほど焼く。焼き色がついたら裏返し、
ふたをして1分ほど焼く。

3 火を止め、Aを加えて混ぜ、弱めの中火に
かけてからめる。

お弁当のきほんワザ

ひと口カツ用の肉
なら切る手間が
いらず、そのまま
片栗粉をまぶせる

ピーマンとツナの甘カレー炒め

➔ 作りおき P. 196

適量を電子レンジで温める。

きゅうりのチーズあえ

➔ 塩もみ野菜 P. 206

きゅうりの塩もみ適量の水けを絞り、粉チーズ適量を混ぜる。

蒸しもち麦を混ぜた温かいご飯、ミニトマト*

＊ヘタの周りに雑菌が多いので、ヘタを取ってから洗う。

☑ **豚肉**

☐ 鶏肉

☐ 牛肉

☐ ひき肉

☐ 魚 ／

こってり味

32

アスパラの肉巻き弁当

ご飯に味がしみておいしい、のっけ弁

アスパラの肉巻き

材料
豚肉（しゃぶしゃぶ用）…4枚
グリーンアスパラガス…4本
サラダ油…小さじ1
A みりん…大さじ1
　　 しょうゆ…大さじ1/2

作り方
1 アスパラはピーラーで下半分の皮をむき、弁当箱に合わせて長さを切る。
2 豚肉を斜めに広げ、**1**をのせて全体に巻き、軽く握って肉を密着させる。
3 フライパンに油を中火で熱し、**2**の巻き終わりを下にして入れ、2分ほど焼く。裏返してふたをし、2分ほど焼いてから**A**を加えてからめる。

お弁当のきほんワザ

斜めに巻いて
キュッと握るだけ。
しゃぶしゃぶ肉
なら手早い

卵焼き

材料
卵…2個
サラダ油…大さじ1
　　 酒…大さじ1
A 砂糖（好みで）…小さじ1
　　 塩…ひとつまみ

作り方
1 ボウルで卵をときほぐし、**A**を加えて混ぜる。
2 卵焼き器に油を中火で熱し、余分な油はキッチンペーパーに吸わせる。**1**の1/3量を入れ、半熟状になったらまとめて端に寄せる。キッチンペーパーで油を塗り、残りの1/2量を加え、寄せた卵の下にも流す。ほぼ固まったら巻いて端に寄せ、残りも同様に焼く。
3 好みで巻きすかキッチンペーパーで巻き、網にのせて冷ます。ひと口大に切り、好みの量を詰める。

[Memo] 残った卵焼きは冷蔵庫で保存し、その日のうちに食べきる。

れんこんのおかか煮

材料
れんこん…80g
削り節…1パック（2g）
　　 めんつゆ（3倍濃縮）
A 　…大さじ1/2
　　 みりん…大さじ1/2

作り方
1 れんこんは薄めの半月切りにし、さっと水にさらし、水けをきって耐熱容器に入れる。
2 **A**を加えてラップをふんわりかけ、電子レンジ（600W）で1分30秒加熱し、削り節を加えて混ぜる。

温かいご飯、しば漬け

33

牛焼き肉弁当

これなら作れる！10分弁当

牛焼き肉

材料
牛切り落とし肉…100g
焼き肉のたれ（市販）
　　…大さじ1と1/2
サラダ油…小さじ1
いり白ごま…少々

作り方
1　フライパンに油を中火で熱して牛肉を入れ、色が変わるまで2分ほど炒め、焼き肉のたれを加えてからめる。
2　冷めたらごまをふる。

にんじんと豆もやしのナムル

➡ 塩もみ野菜　P.206

材料
にんじんの塩もみ…30g
豆もやし…40g
A｛
甘酢（→P.15）
　　…大さじ1/2
ごま油…小さじ1
いり白ごま…少々

作り方
1　豆もやしは耐熱容器に入れて水大さじ1をかけ、ラップをふんわりかけて電子レンジ（600W）で1分加熱し、水けをきる。
2　にんじんの塩もみはキッチンペーパーではさんで水けを絞り、1に加え、Aを加えて混ぜる。

お弁当のきほんワザ

水けを絞るには
キッチンペーパー
ではさんで
ギュッと押す

温かいご飯、青じそ（ナムルの下に敷く）

□ 豚肉

□ 鶏肉

☑ 牛肉

□ ひき肉

□ 魚 ／

のっけ弁

34

鮭のごまみそ焼き弁当

ごまみその香ばしさがたまらない

鮭のごまみそ焼きと焼きかぼちゃ

材料
生鮭…1切れ
片栗粉…大さじ1/2
かぼちゃ（薄切り）…2枚
塩…少々
サラダ油…小さじ1

A
おろししょうが…小さじ1/2
みりん…大さじ1
すり白ごま…大さじ1/2
みそ…大さじ1/2

作り方

1 鮭はキッチンペーパーではさんで水けを取り、片栗粉をまぶす。

2 かぼちゃはひと口大に切る。

3 **A**は混ぜ合わせる。

4 フライパンに油を中火で熱し、**1**、**2**を入れて2分ほど焼き、裏返してふたをし、弱火で2分ほど焼く。かぼちゃを取り出し、塩をふる。

5 いったん火を止め、フライパンの余分な油をふく。弱火にかけ、混ぜ合わせた**A**を鮭にかけてからめる。

お弁当のきほんワザ

火の通った鮭は
割れやすいので
裏返さずに
ごまみそをかけて
からめる

いんげんの赤じそあえ

材料
さやいんげん…40g
赤じそふりかけ…小さじ1/4

作り方

1 いんげんは長さを半分に切り、耐熱容器に入れて水大さじ1をふり、ラップをふんわりかけて電子レンジ（600W）で50秒加熱する。水に取って冷まし、水けをよくきる。

2 弁当箱に**1**を入れ、ふりかけをふる。

温かいご飯

□ 豚肉

□ 鶏肉

□ 牛肉

□ ひき肉

☑ **魚**

甘辛味

35

豚こまの
オイスターじょうゆ炒め弁当

オール作りおきおかずで朝ラク弁当を

豚こまのオイスターじょうゆ炒め

→ 肉の下味調理　P. 205

材料
豚こまの
オイスターじょうゆ漬け*
　…1袋
いり黒ごま…少々
サラダ油…小さじ1

*冷凍ならば前夜から冷蔵庫で
解凍する。

作り方
1 フライパンに油を弱めの中火で熱し、豚肉
をほぐしながら3分ほど炒め、肉に火を通す。

2 弁当箱に詰め、ごまをふる。

お弁当のきほんワザ

菜箸で肉を
ふりほぐして
広げると
火の通りが早い

にんじんしりしり

→ 作りおき　P. 197

適量を電子レンジで温める。

きゅうりのポン酢あえ

→ 塩もみ野菜　P. 206

きゅうりの塩もみ適量の水けを絞り、ポン酢しょうゆ小さじ1/2を加えて混ぜる。

温かいご飯、しば漬け、青じそ

☑ 豚肉

☐ 鶏肉

☐ 牛肉

☐ ひき肉

☐ 魚 ／

朝ラク

#36

鶏天弁当

また作りたくなる、カリッと衣の天ぷら

鶏天

材料

鶏むね肉…100g
塩…小さじ1/4
サラダ油…大さじ3

A ┌ 小麦粉…大さじ2
├ ベーキングパウダー
│　　…小さじ1/3
└ 水…大さじ1

作り方

1 鶏肉はひと口大のそぎ切りにし、ボウルに入れて塩をまぶし、**A**を加えて混ぜる。

2 小さめのフライパンに油を中火で熱し、**1**を入れて1分半揚げ、裏返してさらに1分半揚げる。

［Memo］ ベーキングパウダーを加えると衣がしっかりし、はがれにくくなる。

お弁当のきほんワザ

お弁当用の
天ぷらは
しっかりした
硬めの衣がいい

里いもとしいたけの含め煮　　→ 作りおき **P.200**

適量を電子レンジで温める。

白菜と桜えびの塩もみ　　→ 塩もみ野菜 **P.207**

白菜の塩もみ適量の水けを絞り、桜えび適量を混ぜる。

温かいご飯、小梅干し、青じそ

#37

豚こまのカレーじょうゆ焼き弁当

炒めるだけ＋作りおき活用の朝ラク

豚こまのカレーじょうゆ焼き

➡ 肉の下味調理 P.203

材料
豚こまのカレーじょうゆ漬け*
　…1袋
サラダ油…小さじ1

＊冷凍ならば前夜から冷蔵庫で
解凍する。

作り方
1 フライパンに油を弱めの中火で熱し、豚肉
　を炒める。ほぐしながら3分ほど炒め、色
　が変わるまで火を通す。

お弁当のきほんワザ

豚肉は
ほぐして広げ、
両面にしっかり
火を通す

じゃがいものごまみそ煮

➡ 作りおき P.201

適量を電子レンジで温める。

ほうれんそうのナムル

➡ 作りおき P.195

適量を電子レンジで温める。

温かいご飯、いり黒ごま、青じそ

38

鶏肉の甘塩麹焼き弁当

肉のうまみとやわらかさは塩麹のおかげ

鶏肉の甘塩麹焼き

→ 肉の下味調理 P.205

材料

鶏むね肉の甘塩麹漬け*
　…1袋
れんこん…40g
サラダ油…小さじ1

*冷凍ならば前夜から冷蔵庫で
解凍する。

作り方

1 れんこんは5mm幅に切り、さっと水にさらし、水けをきる。

2 フライパンに油、1、鶏肉を入れ、弱めの中火で両面を焼く。肉の色がほぼ変わったら、ふたをして2分ほど蒸し焼きにして火を通し、最後にふたを取ってさっと炒める。

お弁当のきほんワザ

一緒に焼きはじめ
肉の下味を
れんこんにも
つける

かぼちゃの粒マスサラダ

材料

かぼちゃ…50g
粒マスタード…小さじ1
塩…少々

作り方

1 かぼちゃはひと口大に切り、耐熱容器に入れて水大さじ1をふり、ラップをふんわりかけて電子レンジ(600W)で1分30秒加熱する。

2 水けをきってフォークでつぶし、粒マスタード、塩を加えて混ぜる。

パプリカとちくわのめんつゆ煮

→ 作りおき P.199

適量を電子レンジで温める。

温かいご飯、塩昆布、青じそ

39

えびとコーンの
バターチャーハン弁当

えびとコーンのバターチャーハン

材料
温かいご飯…200g
むきえび…80g
コーン（缶）…50g
玉ねぎ…1/4個
パセリ…5g
バター…15g
塩…小さじ1/4
こしょう…少々

作り方

1 えびはよく洗って水けをふき、コーンは汁をきる。玉ねぎは薄切りにして長さを半分に切り、パセリは葉をちぎる。

2 フライパンにバター、玉ねぎを入れて中火にかける。バターが溶けたら玉ねぎを炒め、しんなりしたら、えび、コーンを加え、えびの色が変わるまで炒める。

3 ご飯を加えてほぐしながら炒め、全体がほぐれたらさらに1分ほど炒め、塩、こしょう、パセリを加えて炒め合わせる。

お弁当のきほんワザ

ご飯を加えたら
押しつけて
炒めると
ほぐれやすい

焼きしいたけのチーズあえ

材料
生しいたけ…2枚
A 粉チーズ…大さじ1/2
　 オリーブ油…小さじ1/2

作り方

1 しいたけは軸を切り、半分にそぎ切りにする。

2 オーブントースターで4～5分焼き、ボウルに入れて**A**を加えて混ぜる。

40

肉巻き卵の照り焼き弁当

肉巻き卵の照り焼き

材料

豚ロース肉(しゃぶしゃぶ用)
　…2枚
卵…1個
片栗粉…適量
サラダ油…大さじ1/2
A ┌ 酒…大さじ1
　　├ みりん…大さじ1
　　└ しょうゆ…大さじ1/2

作り方

1 卵は熱湯で10分ゆで(固ゆで)、殻をむく。

2 豚肉を広げて片栗粉を薄くふり、端に**1**をのせて縦と横に巻いて全体を覆い、外側にも片栗粉を薄くまぶす。

3 フライパンに油を中火で熱し、**2**の巻き終わりを下にして焼く。焼き固まったら転がしながら3分ほど焼き、ふたをして2分ほど蒸し焼きにする。

4 **A**を加え、弱めの中火にしてからめる。

お弁当のきほんワザ

外側に片栗粉を
まぶすと
調味料が
よくからむ

春雨と長ねぎの中華炒め

➡ 作りおき　P.195

適量を電子レンジで温め、いり白ごま少々をふる。

ゆでブロッコリー

材料

ブロッコリー…2房
粒マスタード…少々

作り方

1 ブロッコリーは耐熱容器に入れて水大さじ1をふり、ラップをふんわりかけて電子レンジ(600W)で40秒加熱する。

2 水に取って冷まし、キッチンペーパーで包んで水けをきる。

3 房の裏側に粒マスタードを塗る。

温かいご飯、小梅干し、青じそ

41

鶏肉のチンジャオロースー弁当

お弁当のチンジャオは鶏むね肉が最適

鶏肉のチンジャオロースー

材料

鶏むね肉…80g
ピーマン…1個
しめじ…1/3パック（30g）
ごま油…大さじ1/2

A
酒…小さじ1
片栗粉…大さじ1/2

B
オイスターソース
…大さじ1/2
酒…小さじ1
しょうゆ…小さじ1

作り方

1 鶏肉はひと口大のそぎ切りにし、細切りにする。ボウルに入れて**A**を加えて混ぜる。

2 ピーマンは縦半分に切って横に細切りにし、しめじはほぐす。

3 フライパンに油を弱めの中火で熱し、鶏肉を炒める。色が変わったら**2**を加え、しめじがしんなりするまで炒めたら、**B**を加えて炒める。

お弁当のきほんワザ

計量した
スプーンで
そのまま混ぜる

えのきのおかか煮
➡ 作りおき P.198

適量を電子レンジで温める。

かぶの塩もみ
➡ 塩もみ野菜 P.207

適量の水けをふく。

温かいご飯

42

いんげんの肉巻き弁当

肉巻きは作るのも食べるのもラクチン

いんげんの肉巻き

材料

豚しゃぶしゃぶ用肉
　…4枚
さやいんげん…6本
サラダ油…大さじ1/2
A ｜ しょうゆ…大さじ1/2
　　｜ みりん…大さじ1

作り方

1 いんげんはヘタを切り、長さを半分に切る。

2 豚肉を広げ、**1**を3本ずつのせて巻き、軽く握って肉を密着させる。

3 フライパンに油を中火で熱し、**2**の巻き終わりを下にして入れ、2分焼く。裏返してふたをし、弱火で2分焼いたら**A**を加えてからめる。

卵焼き

材料

卵…2個
サラダ油…大さじ1
A ｜ 酒…大さじ1
　　｜ 砂糖(好みで)…小さじ1
　　｜ 塩…ひとつまみ

作り方

1 ボウルで卵をときほぐし、**A**を加えて混ぜる。

2 卵焼き器に油を中火で熱し、余分な油はキッチンペーパーに吸わせる。**1**の1/3量を入れ、半熟状になったらまとめて端に寄せる。キッチンペーパーの油を塗り、残りの1/2量を加え、寄せた卵の下にも流す。ほぼ固まったら巻いて端に寄せ、残りも同様に焼く。

3 好みで巻きすかキッチンペーパーで巻き、網にのせて冷ます。ひと口大に切り、好みの量を詰める。

[**Memo**] 残った卵焼きは冷蔵庫で保存し、その日のうちに食べきる。

にんじんのごまあえ

材料

にんじん…50g
A ｜ めんつゆ(3倍濃縮)
　　｜ 　…小さじ1
　　｜ すり白ごま…小さじ2

作り方

1 にんじんはスライサーでせん切りにする。

2 耐熱容器に入れて水小さじ1をふり、ラップをふんわりかけて電子レンジ(600W)で1分加熱する。

3 **A**を加えて混ぜる。

温かいご飯、小梅干し

43

豆苗と塩昆布のつくね弁当

豆苗入りのつくねは軽い口当たり

豆苗と塩昆布のつくね

材料
肉だね
鶏ひき肉…100g
豆苗…正味50g
塩昆布…大さじ1（6g）
しょうゆ…小さじ1/2
酒…小さじ1/2
片栗粉…大さじ1/2
サラダ油…小さじ1

作り方
1 豆苗は1cm幅に切り、ボウルに入れる。

2 肉だねの残りの材料を1に加え、粘りが出るまで混ぜ、4等分して小判形にまとめる。

3 大きめのフライパンに油を中火で熱し、2を入れて2分ほど焼く。焼き色がついたら裏返し、ふたをして2分ほど焼いて火を通す。

［Memo］3でかぼちゃを一緒に焼くと時短になる。

かぼちゃのバター焼き

材料
かぼちゃ（薄切り）…2枚
バター…10g
塩…少々

作り方
1 かぼちゃは半分に切る。

2 「豆苗と塩昆布のつくね」の作り方3で、つくねと一緒に焼く。焼き色がついたら裏返し、ふたをして2分ほど焼く。

3 つくねを取り出した後に、バターと塩を加えてかぼちゃにからめる。

［Memo］かぼちゃに火が通っているかは竹串を刺してチェック。

ミニトマトとザーサイの中華あえ

材料
ミニトマト…3個
味つきザーサイ…10g
ごま油…小さじ1/2

作り方
1 ボウルにすべての材料を入れて混ぜる。

［Memo］ミニトマトはヘタの周りに雑菌が多いので、ヘタを取ってから洗う。

温かいご飯

#44

豚こまのBBQ炒め弁当

BBQ味ってご飯に合うのです！

豚こまのBBQ炒め

→ 肉の下味調理　P.204

材料
豚こまのBBQ漬け*…1袋
サラダ油…小さじ1

*冷凍ならば前夜から冷蔵庫で
解凍する。

作り方
1 フライパンに油を中火で熱し、豚肉をほぐ
しながら3分ほど炒め、肉に火を通す。

お弁当のきほんワザ

肉が固まっていたら
ふりさばくように
してほぐす

きのこのチーズマリネ

→ 作りおき　P.199

適量を電子レンジで温める。

いんげんとザーサイの塩炒め

→ 作りおき　P.198

適量を電子レンジで温める。

大豆とじゃこの塩炒め

→ 作りおきレシピ　P.200

適量を電子レンジで温める。

温かいご飯

45

鶏肉のハーブ焼き弁当

ハーブソルトをまぶして焼いて完成

鶏肉のハーブ焼き

材料

鶏もも肉（から揚げ用）
　…4切れ（100g）
まいたけ…1/3パック（30g）
ハーブソルト…小さじ1
塩…少々
サラダ油…大さじ1/2

作り方

1 鶏肉はハーブソルトをまぶす。まいたけは食べやすい大きさに裂く。

2 フライパンに油を中火で熱し、**1**を入れて2分ほど焼く。焼き色がついたら裏返し、ふたをしてさらに2分ほど焼き、火を通す。

3 まいたけは取り出して塩をふる。

お弁当のきほんワザ

しっかり焼き色を
つけてから
裏返すのがコツ

ピーマンとツナの甘カレー炒め

➡ 作りおき　P. 196

適量を電子レンジで温める。

温かいご飯、小梅干し

☐ 豚肉

☑ **鶏肉**

☐ 牛肉

☐ ひき肉 ☐ 魚

あっさり味

しめじと梅しそのつくね弁当

さっぱりさわやかな梅じそ風味

しめじと梅しそのつくね

材料
鶏ひき肉…100g
しめじ…1/2パック(50g)
片栗粉…大さじ1/2
梅干し(種を除く)…1個分
A 酒…大さじ½
　　塩…ひとつまみ
青じそ…4枚
サラダ油…小さじ1

作り方
1 しめじはほぐして3等分に切り、片栗粉を まぶす。梅干しは大まかにちぎる。

2 ボウルにひき肉、梅干し、**A**を入れて混ぜ 合わせ、しめじを加えて混ぜる。4等分し て軽く握り、青じそを巻く。

3 フライパンに油を中火で熱し、**2**を入れて 弱火で2分ほど焼く。裏返してふたをし、 3分ほど蒸し焼きにして火を通す。

こんにゃくのみそ煮

材料
こんにゃく(アク抜き済み)
　…小1枚(90g)
すり白ごま…小さじ1
A みそ…大さじ1/2
　　みりん…小さじ1
　　砂糖…小さじ1

作り方
1 こんにゃくは片面に1cm間隔の浅い切り込 みを斜めに入れ、小さめのひと口大に切る。

2 耐熱容器で**A**を混ぜ合わせ、**1**を加えて混 ぜる。ラップをふんわりかけて電子レンジ (600W)で2分加熱し、そのまま冷ます。

3 汁けをきり、弁当箱の底にごま小さじ1/2 ほど(分量外)を敷いて盛り、ごまをふる。

キャベツのおかかあえ

材料
キャベツ…50g
削り節…1g
ポン酢しょうゆ…大さじ1

作り方
1 キャベツはひと口大に切る。

2 フライパンに湯を沸かし、**1**を中火で1〜 2分、硬めにゆでてざるに上げる。

3 ボウルに**2**、ポン酢しょうゆを入れて混ぜ、 削り節を加えて混ぜる。

[**Memo**] キャベツ、みょうがをゆでた後でつくねを 焼けば、フライパンがそのまま使える。

みょうがの甘酢漬け

みょうが1本を半分に切り、キャベツと一緒にゆでて取り出し、甘酢(→P.15) 大さじ2をふって冷めるまでおく。

温かいご飯

#47

豚みそそぼろ弁当

火を使わず、レンジ大活躍！

豚みそそぼろ

材料
豚ひき肉…100g
酒…小さじ1
砂糖…小さじ1
すり白ごま…小さじ2
みそ…小さじ2

作り方
1 耐熱容器にすべての材料を入れ、均一になるまでよく混ぜる。

2 ラップをふんわりかけて電子レンジ（600W）で3分加熱し、すぐにほぐしながら混ぜて冷ます。

お弁当のきほんワザ

加熱後にすぐ
ほぐして冷ますのが
レンジでそぼろを
作るコツ

ピーマンとじゃこのさっと煮

材料
ピーマン…1個
A　ちりめんじゃこ…大さじ1
　　めんつゆ（3倍濃縮）…小さじ1
　　水…小さじ1

作り方
1 ピーマンは縦半分に切り、横に細切りにする。

2 耐熱容器に1、Aを入れて混ぜ、ラップをふんわりかけて電子レンジ（600W）で1分30秒加熱し、混ぜる。

ミニトマトの塩昆布あえ

材料
ミニトマト…2個
塩昆布…大さじ1/2
ごま油…小さじ1/2

作り方
1 ボウルにすべての材料を入れて混ぜる。

［Memo］ミニトマトはヘタの周りに雑菌が多いので、ヘタを取ってから洗う。

温かいご飯

□豚肉

□鶏肉

□牛肉

☑ **ひき肉**
□魚 ／

のっけ弁

48

鮭のオーロラソース焼き弁当

鮭のオーロラソース焼き

材料

生鮭…1切れ
片栗粉…大さじ1/2
サラダ油…小さじ1

A
トマトケチャップ
…大さじ1
マヨネーズ…大さじ1
塩、こしょう…各少々

作り方

1 鮭はキッチンペーパーにはさんで水けを取り、半分に切って片栗粉をまぶす。

2 フライパンに油を中火で熱し、1を入れて2分ほど焼き、裏返してふたをし、弱火でさらに2分ほど焼く。余分な油はキッチンペーパーでふき取る。

3 いったん火を止めてAを加え、弱火にして調味料を鮭にかけながらからめる。

じゃがいもの和風サラダ

材料

じゃがいも…1個
青じそ…1枚

A
オリーブ油…小さじ1
酢…小さじ1/2
しょうゆ…小さじ1

作り方

1 じゃがいもはひと口大に切る。

2 フライパンに1とひたひたの水を入れ、強火にかける。1分ほど沸騰させたら、ふたをして弱火で3〜4分、いもがやわらかくなるまでゆで、湯をきる。

3 じゃがいもをフライパンに戻し、弱火にかけて水けを飛ばす。

4 ボウルでAを混ぜ、3を加えて混ぜる。冷めてから青じそをちぎって加える。

お弁当のきほんワザ

鮭を焼く前に
副菜2品の
野菜を
一緒にゆでる

ブロッコリーの梅あえ

材料

ブロッコリー…3房

A
練り梅…小さじ1
砂糖…小さじ1/4
オリーブ油…小さじ1/2

作り方

1 ブロッコリーは「じゃがいもの和風サラダ」の作り方2で、湯が沸騰したらフライパンに加える。一緒に1分ほどゆでて取り出し、冷ます。

2 ボウルでAを混ぜ、1を加えて混ぜる。

温かいご飯、いり白ごま、青じそ

□ 豚肉

□ 鶏肉

□ 牛肉

□ ひき肉

☑ 魚 ／

こってり味

49

鶏肉といんげんのＢＢＱ炒め弁当

おかずをドン！が「のっけ弁」の気楽さ

鶏肉といんげんのＢＢＱ炒め

➡ 肉の下味調理　P.204

材料

鶏むね肉のBBQ漬け*…1袋
さやいんげん…30g
パプリカ（赤）…1/4個
サラダ油…小さじ1

＊冷凍ならば前夜から冷蔵庫で
解凍する。

作り方

1 いんげんは2〜3等分に切り、パプリカは
　横に細切りにする。

2 フライパンに油、鶏肉、1を入れて弱めの
　中火で炒める。肉の色がほぼ変わったら、
　ふたをして弱火にし、2分ほど蒸し焼きに
　して肉に火を通し、最後にふたを取ってさ
　っと炒める。

お弁当のきほんワザ

肉と野菜を
入れてから
火にかけると
焦げにくい

切り干し大根とにんじんのいり煮

➡ 作りおきレシピ　P.194

適量を電子レンジで温め、いり白ごま少々をふる。

温かいご飯

□ 豚肉

☑ **鶏肉**

□ 牛肉

□ ひき肉

□ 魚

朝ラク

のっけ弁

50

ミートボールのトマトシチュー弁当

どんなパンと一緒に食べようかな♪

ミートボールのトマトシチュー

材料(容量400mlのスープジャー)

豚ひき肉…80g

酒…大さじ1/2

片栗粉…大さじ1/2

セロリ*…30g

玉ねぎ…40g

コーン(缶)…30g

A
- トマトジュース…200ml
- 水…100ml
- 塩…小さじ1/3
- こしょう…少々
- トマトケチャップ…大さじ1/2

*筋や葉を除いた分量。

作り方

1 セロリは薄切りにし、玉ねぎは薄切りにして長さを半分に切る。

2 ボウルにひき肉を入れ、酒、片栗粉を加えて混ぜ、4等分して丸める。

3 スープジャーに1、汁けをきったコーンを入れ、かぶるまで熱湯を注いで3分おく。

4 フライパンに2を入れて弱めの中火で焼き、焼き色がついたら裏返して2分焼く。

5 4にAを加え、煮立ったらふたをして弱火で3分煮る。

6 3の湯だけを捨て、5のミートボールを入れてスープを注ぎ、ふたをする。

[Memo] 3時間たてば食べられる。6時間たつ前に食べ終わること。

お弁当のきほんワザ

ミートボールを煮る時間は3分。保温中に味がしみおいしくなる

#51

厚揚げと白菜のとろみ煮弁当

とろみとしょうがであったまります

厚揚げと白菜のとろみ煮

材料（容量400mlのスープジャー）

厚揚げ…60g
白菜*…80g
にんじん*…3cm
長ねぎ…5cm
うずら卵（水煮）…1個

A
- おろししょうが
  …小さじ1/3
- 鶏がらスープの素（顆粒）
  …小さじ1/2
- 水…300ml
- しょうゆ…大さじ1
- 砂糖…小さじ1/2
- 塩…ひとつまみ
- 片栗粉…大さじ1と1/2
- ごま油…小さじ1

*皮や芯を除いた分量。

作り方

1 厚揚げは1cm幅に切る。白菜は横に2cm幅に切り、食べやすく縦にも切る。にんじんは縦に3等分に切り、薄切りにする。長ねぎは斜めに小口切りにする。

2 スープジャーに1、うずら卵を入れ、かぶるまで熱湯を注いで3分おく。

3 鍋にAを入れて混ぜ、片栗粉が溶けて全体に混ざったら、弱めの中火にかける。絶えずかき混ぜてとろみがついたら、さらに30秒煮て火を止める。

4 2の湯だけを捨て、3を入れてふたをする。

［Memo］3時間たてばちょうど食べ頃に。

お弁当のきほんワザ

具材は
煮ずに温めるだけ。
保温中に火が通り
食感も残る

#52

ささ身のチーズ焼き弁当

副菜1品だから手早く作れます

ささ身のチーズ焼き

材料

鶏ささ身（筋なし）…2本
塩、こしょう…各少々
ピザ用チーズ…30g
サラダ油…小さじ1

作り方

1 ささ身は4等分に切り、塩、こしょうをふる。

2 フライパンに油を弱めの中火で熱し、**1**を入れて1分半ほど焼き、裏返して30秒焼く。

3 チーズを全体に散らし、動かさずにカリカリになるまで焼く。

お弁当のきほんワザ

チーズが
調味料にも
肉の衣
にもなる

パプリカの甘酢あえ

材料

パプリカ（赤、黄）
　…合わせて50g
甘酢（→P.15）…大さじ1

作り方

1 パプリカは横に細切りにしてボウルに入れ、甘酢を加えて混ぜる。

温かいご飯、いり白ごま、ミニトマト*、フリルレタス**

＊ヘタの周りに細菌が多いので、ヘタを取ってから洗う。＊＊水けをよくふく。

□ 豚肉

☑ 鶏肉

□ 牛肉

□ ひき肉

□ 魚 　／

あっさり味

53

豚ヒレのおかかピカタ弁当

おかかでうまみと食感をアップ

豚ヒレのおかかピカタ

材料
豚ヒレ肉（ひと口カツ用）
　…3切れ
塩…適量
小麦粉…大さじ1/2
卵…1個
削り節…1/2パック（1g）
サラダ油…小さじ1

作り方

1 豚肉に塩少々をふり、小麦粉を薄くまぶす。

2 ボウルに、卵、塩ひとつまみ、削り節を入れて混ぜ、**1**を浸す。

3 フライパンに油を中火で熱して**2**を入れ、2分ほど焼く。裏返し、残った卵液は肉の下に流し、ふたをして弱火で2分ほど蒸し焼きにして火を通す。広がった卵は肉にかぶせる。

お弁当のきほんワザ

卵に削り節を
混ぜると
肉にからみやすく
焼きやすい

じゃがいものごまみそ煮

→ 作りおき P.201

適量を電子レンジで温める。

アスパラの梅添え

材料
グリーンアスパラガス…2本
練り梅…適量

作り方

1 アスパラは下から1/3〜1/2の高さまでピーラーで皮をむく。

2 フライパンに湯を沸かして**1**を入れ、1〜2分ゆで、水に取って冷ます。

3 詰めるときに練り梅を添える。

［Memo］アスパラをゆでたフライパンで豚肉を焼くと時短になる。

温かいご飯

✓ 豚肉

☐ 鶏肉

☐ 牛肉

☐ ひき肉

☐ 魚 ／

あっさり味

#54

鶏肉の塩レモン焼き弁当

レモンも一緒に詰めて酸味さわやか

鶏肉の塩レモン焼き

➡ 肉の下味調理　P.203

材料

鶏もも肉の塩レモン漬け*
　…1袋

サラダ油…小さじ1

*冷凍ならば前夜から冷蔵庫で
解凍する。

作り方

1 フライパンに油、鶏肉とレモンを入れ、弱めの中火で炒める。

2 焼き色がついたら裏返し、ふたをして弱火にし、2分ほど蒸し焼きにして肉に火を通す。

お弁当のきほんワザ

焼き色がついたら
裏返すタイミング

春雨と長ねぎの中華炒め

➡ 作りおき　P.195

適量を電子レンジで温め、いり白ごまをふる。

かぼちゃのチーズあえ

材料

かぼちゃ…50g

粉チーズ…小さじ1

作り方

1 かぼちゃはひと口大に切り、耐熱容器に入れて水大さじ1をふり、ラップをふんわりかけて電子レンジ（600W）で1分30秒加熱する。

2 水けをきり、粉チーズをまぶす。

温かいご飯、青じそ

#55

じゃこと小松菜の梅チャーハン弁当

梅干しの酸味と卵焼きがベストマッチ

じゃこと小松菜の梅チャーハン

材料

温かいご飯…200g
ちりめんじゃこ…大さじ1
小松菜…80g
梅干し（塩分14%）…1個
塩…少々
サラダ油…大さじ1/2

作り方

1 梅干しはちぎり、種の周りの果肉も使う。

2 小松菜は株元を少し切り、水で洗って泥を落とす。水けをきり、1cm幅に切る。

3 フライパンに油を中火で熱し、じゃこを炒める。カリッとしたら**2**を加え、小松菜がしんなりするまで炒める。

4 ご飯、梅干しを加え、ほぐしながら炒める。ご飯がほぐれたらさらに**1**分ほど炒め、塩をふって混ぜる。

お弁当のきほんワザ

カリッとするまで
炒めると
時間がたっても
香ばしい

卵焼き

材料

卵…2個
サラダ油…大さじ1
A ┌ 酒…大さじ1
　　├ 砂糖（好みで）…小さじ1
　　└ 塩…ひとつまみ

作り方

1 ボウルで卵をときほぐし、**A**を加えて混ぜる。

2 卵焼き器に油を中火で熱し、余分な油はキッチンペーパーに吸わせる。**1**の1/3量を入れ、半熟状になったらまとめて端に寄せる。キッチンペーパーの油を塗り、残りの1/2量を加え、寄せた卵の下にも流す。ほぼ固まったら巻いて端に寄せ、残りも同様に焼く。

3 好みで巻きすかキッチンペーパーで巻き、網にのせて冷ます。ひと口大に切り、好みの量を詰める。

［Memo］残った卵焼きは冷蔵庫で保存し、その日のうちに食べきる。

126

56

鶏の照り煮弁当

こっくりした味の煮ものはお弁当の王道

鶏の照り煮

材料

鶏もも肉…100g
長ねぎ…6cm
サラダ油…小さじ1
A 水…大さじ2
みりん…大さじ1
しょうゆ…大さじ1
砂糖…小さじ1/2

作り方

1 鶏肉はひと口大に切る。長ねぎは2〜3cm幅に切る。

2 フライパンに油を中火で熱し、**1**を入れて炒める。肉の色が変わり、長ねぎの両面に焼き色がついたら、**A**を加える。

3 煮立ったらふたをして弱火で2分ほど煮て、最後にふたを取って1分ほど煮詰める。

お弁当のきほんワザ

炒めて火を通してから調味料で煮ると早い

里いもとしいたけの含め煮 ➡ 作りおき P.200

適量を電子レンジで温める。

温かいご飯、たくあん、青じそ

さ さ身の磯辺巻き弁当

すぐに火が通るささ身のおかずで時短

ささ身の磯辺巻き

材料

鶏ささ身（筋なし）…2本
しょうゆ…大さじ1
焼きのり（全形）…1/4枚
サラダ油…小さじ1

作り方

1 ささ身は3等分に切り、のりは6等分に切る。

2 フライパンに油を中火で熱し、ささ身を入れて1分半ほど焼く。裏返して1分ほど焼いて火を通し、しょうゆを加えてからめる。

3 **2**が冷めたら、のりを巻く。

お弁当のきほんワザ

しょうゆを
からめて焼き、
粗熱が取れたら
のりを巻く

にんじんしりしり

➡ 作りおき P. 197

電子レンジで温める。

ズッキーニのチーズあえ

材料

ズッキーニ…3cm
粉チーズ…小さじ1
サラダ油…小さじ1/2

作り方

1 ズッキーニは1cm幅に切る。

2 フライパンに油を中火で熱し、**1**を入れて両面に焼き目をつけて取り出す。冷めたら粉チーズをまぶす。

温かいご飯、小梅干し

□ 豚肉

☑ 鶏肉

□ 牛肉

□ ひき肉

□ 魚 ／

あっさり味

#58

ハムと玉ねぎの
トマトスープパスタ弁当

パスタや野菜はゆでずに保温調理20分

ハムと玉ねぎのトマトスープパスタ

材料（容量400mℓのスープジャー）

フジッリ…40g

玉ねぎ…40g

オリーブ（黒）…3個

ハム…2枚

A
- トマトジュース…200mℓ
- 水…100mℓ
- トマトケチャップ…大さじ1
- 洋風スープの素（顆粒）…小さじ1/3
- こしょう…少々

作り方

1 玉ねぎは薄切りにして長さを半分に切る。ハムは縦横6等分に切る。

2 スープジャーに**1**、オリーブ、フジッリを入れ、かぶるまで熱湯を注ぐ。

3 鍋に**A**を入れて沸騰直前まで温める。

4 **2**の湯だけを捨て、**3**を入れてふたをする。

［Memo］20分たてば食べられる。40分以上おくとパスタがのびるので、それまでに食べきるのがベスト。

お弁当のきほんワザ

スープを注ぐ前に
具材と
ジャーを
湯で温める

59

牛肉とごぼうのしぐれ煮弁当

ここぞ！というときの牛肉弁当

牛肉とごぼうのしぐれ煮

材料
牛切り落とし肉…80g
ごぼう…40g
サラダ油…大さじ1/2
A
　水…大さじ4
　酒…大さじ1
　しょうゆ…大さじ1
　砂糖…大さじ1/2

作り方

1 こぼうは縦半分に切ってから斜め薄切りにし、水にさっとさらして水けをきる。

2 小さめのフライパンに油を中火で熱し、牛肉を入れて肉の色が変わるまで炒める。

3 2に1を加えて油がなじむまで炒め、Aを加える。煮立ったらふたをして弱火で8～10分煮る。

4 ふたを取って中火にし、混ぜながら煮汁がほぼなくなるまで汁けを飛ばす。

卵焼き

材料
卵…2個
サラダ油…大さじ1
A
　酒…大さじ1
　砂糖（好みで）…小さじ1
　塩…ひとつまみ

作り方

1 ボウルで卵をときほぐし、Aを加えて混ぜる。

2 卵焼き器に油を中火で熱し、余分な油はキッチンペーパーに吸わせる。1の1/3量を入れ、半熟状になったらまとめて端に寄せる。キッチンペーパーの油を塗り、残りの1/2量を加え、寄せた卵の下にも流す。ほぼ固まったら巻いて端に寄せ、残りも同様に焼く。

3 好みで巻きすかキッチンペーパーで巻き、網にのせて冷ます。ひと口大に切り、好みの量を詰める。

［**Memo**］残った卵焼きは冷蔵庫で保存し、その日のうちに食べきる。

大根の赤じそあえ

塩もみ野菜　**P. 207**

大根の塩もみ30gの水けをきり、赤じそふりかけ小さじ1/4を加えて混ぜる。

温かいご飯、いり白ごま、青じそ

お弁当のきほんワザ

塩もみ大根なら
水けが出ず
すぐ味がなじむ

60

鮭のコチュジャン焼き弁当

ご飯がさらにおいしくなるピリ辛おかず

鮭のコチュジャン焼き

材料

生鮭…1切れ
片栗粉…大さじ1/2
サラダ油…小さじ1

A｜コチュジャン…大さじ1
　｜みりん…大さじ1
　｜しょうゆ…小さじ1

作り方

1 鮭はキッチンペーパーではさんで水けを取り、4等分に切って片栗粉をまぶす。

2 **A**は混ぜ合わせる。

3 フライパンに油を中火で熱し、**1**を入れて2分ほど焼き、裏返してふたをし、弱火で2分ほど焼いて火を通す。

4 いったん火を止め、フライパンの余分な油をふく。弱火にかけ、鮭に**2**をかけてからめる。

パプリカのおかかびたし

材料

パプリカ(赤、黄)…各1/4個

A｜めんつゆ(3倍濃縮)
　｜　…小さじ1
　｜水…小さじ1
　｜削り節…1/2パック(1g)

作り方

1 パプリカは小さめのひと口大に切る。

2 フライパンに湯を沸かし、**1**を入れて1分ほどゆで、水けをきってボウルに入れる。

3 **2**に**A**を加えて混ぜる。

豆もやしの甘酢あえ

材料

豆もやし…60g
甘酢(→P.15)…大さじ1
いり白ごま…少々

作り方

1 豆もやしは「パプリカのおかかびたし」の作り方**2**で、一緒に1分ほどゆでる。

2 水けをきってボウルに入れ、甘酢とごまを加えて混ぜる。

温かいご飯、青じそ

お弁当のきほんワザ

野菜を一緒に
ゆでて時短し、
続けて鮭を焼けば
時短×2

□ 豚肉

□ 鶏肉

□ 牛肉

□ ひき肉

☑ **魚** ／

ピリ辛味

61

さき身の田楽みそ焼き弁当

さき身の田楽みそ焼き

材料

鶏ささ身（筋なし）…2本

A みそ…大さじ2/3
みりん…大さじ1
砂糖…小さじ1

すり白ごま…大さじ1

サラダ油…小さじ1

作り方

1 ささ身は半分に切る。

2 フライパンに油を中火で熱し、**1**を入れて1分半ほど焼き、裏返して1分ほど焼いて火を通す。

3 弱めの中火にし、**A**を加えてみそを溶かしながらささ身にからめる。

4 汁けがほぼなくなったら、ごまを加えて混ぜ、ささ身を弁当箱に詰めてみそをのせる。

> **お弁当のきほんワザ**
>
> みそは混ざりにくいのでみりんに溶かす
>
>

ひじきとにんじんのいり煮

作りおき　P. 194

適量を電子レンジで温める。

ブロッコリーのマヨ添え

材料

ブロッコリー…1房

マヨネーズ…少々

作り方

1 ブロッコリーは大きければ半分に切る。

2 耐熱容器に入れて水大さじ1をふり、ラップをふんわりかけて電子レンジ（600W）で30秒加熱する。

3 水に取って冷まし、キッチンペーパーで包んで水けをきり、房の裏側にマヨネーズを絞る。

温かいご飯、しば漬け、青じそ

62

ひき肉とほうれんそうの
スープカレー弁当

ひき肉とほうれんそうのスープカレー

材料(容量400mlのスープジャー)
豚ひき肉…100g
玉ねぎ…50g
ほうれんそう*…40g
にんじん(すりおろす)
　…30g
サラダ油…小さじ1
カレー粉…大さじ1/2
酒…大さじ1

A
　水…200ml
　塩…大さじ1/3
　ウスターソース
　　…大さじ1
　トマトケチャップ
　　…大さじ1

*株元を除いた分量。

作り方

1 玉ねぎは粗みじんに切り、ほうれんそうは株元を少し切って水で泥を洗い、1cm幅に刻む。

2 スープジャーに熱湯を注いで温める。

3 フライパンに油を入れて弱めの中火で熱し、玉ねぎを炒める。透き通ってきたらひき肉を加えて炒める。

4 3の肉の色が変わったら、余分な油をキッチンペーパーでふき取り、おろしにんじんを加えて炒める。続けてほうれんそうを加えて炒め、全体がなじんだらカレー粉、酒を加えて炒める。

5 4にAを加え、煮立ったら火を止める。2の湯を捨て、5を入れてふたをする。

[Memo] 2時間後から食べられ、6時間たつ前に食べ終わること。

お弁当のきほんワザ

おろしにんじんの
甘みが加わると
グッと
おいしくなる

63

コーンチーズつくね弁当

余裕のある日に作りたい3品弁当

コーンチーズつくね

材料
鶏ひき肉…100g
コーン…1缶（55g）
片栗粉…大さじ1/2
酒…大さじ1/2
塩…小さじ1/4
ピザ用チーズ…30g
粗びき黒こしょう…少々
サラダ油…大さじ1/2

作り方
1 コーンは汁けをきってボウルに入れ、片栗粉をまぶす。

2 ひき肉、酒、塩を加え、粘りが出るまで混ぜ、4等分して小判形にする。

3 フライパンに油を中火で熱し、**2**を入れて2分ほど焼き、焼き色がついたら裏返して2分ほど焼いて火を通す。

4 つくねの周りにチーズを散らして黒こしょうをふり、チーズが固まるまで焼く。

焼きエリンギ

材料
エリンギ…1本
塩、こしょう…各少々

作り方
1 エリンギは縦4等分に切る。

2 「コーンつくね」の作り方**3**でつくねと一緒に焼き、裏返して2分ほど焼いたら、塩、こしょうをふり、取り出す。

セロリのレンジマリネ

材料
セロリ…30g
フレンチドレッシング
　　（→P.15）…大さじ1
パセリ（みじん切り）
　　…小さじ1/2

作り方
1 セロリは斜めに7mm幅に切る。

2 耐熱容器に**1**を入れて水大さじ1をふり、ラップをふんわりかけて電子レンジ（600W）で30秒加熱する。

3 水けをきり、ドレッシング、パセリを加えて混ぜる。

温かいご飯、ちりめんじゃこ、フリルレタス（水けをよくふく）

お弁当のきほんワザ

時短するなら
エリンギと
つくねを
同時に焼く

#64

豚のみそしょうが焼き弁当

作りおきを駆使して無理なく作れる

豚のみそしょうが焼き

材料

豚ロース肉(しょうが焼き用)
　　…3枚(100g)
すり白ごま…大さじ1/2
サラダ油…小さじ1

A
酒…大さじ1
みそ…大さじ1
みりん…大さじ1
砂糖…小さじ1
おろししょうが
　　…小さじ1/3

作り方

1 豚肉は肉と脂の間を数か所筋切りする。

2 フライパンに油を中火で熱して**1**を入れ、焼き色がついたら裏返し、2分ほど焼いて火を通す。

3 弱火にして**A**を加え、混ぜてみそが溶けたら、中火にして肉にからめ、最後にごまを加えて混ぜる。

> **お弁当のきほんワザ**
>
> 筋切りの
> ひと手間で
> 肉が丸まらず
> 焼きやすい

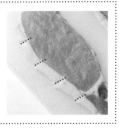

ごぼうとにんじんのきんぴら

➜ 作りおき　P. 196

適量を電子レンジで温め、いり白ごまをふる。

大豆とじゃこの塩炒め

➜ 作りおき　P. 200

適量を電子レンジで温める。

えのきのおかか煮

➜ 作りおき　P. 198

適量を電子レンジで温める。

温かいご飯、しば漬け、青じそ

65

さ身の梅しそ巻き弁当

ゆでささ身でおいしく低カロリーに

ささ身の梅しそ巻き

材料
鶏ささ身（筋なし）…2本
青じそ…3枚
練り梅…適量

作り方

1 ささ身は3等分に切る。青じそは軸を切り、縦半分に切る。

2 フライパンに湯を沸かしてささ身を入れ、沸騰したら中火で1〜2分ゆでて火を通し、取り出す。

3 ささ身の片面に練り梅を塗り、青じそではさむ。

> **お弁当のきほんワザ**
>
> 再沸騰してから
> 1〜2分ゆでて
> 火を通す
>
>

小松菜のおひたし

材料
小松菜…80g
めんつゆ（3倍濃縮）
　…小さじ1
削り節…適量

作り方

1 小松菜は株元を少し切り、水で洗って泥を落とす。水けをきり、3〜4cm長さに切る。

2 フライパンに湯を沸かしてさっとゆで、水に取って冷まし、水けを絞る。

3 ボウルに入れてめんつゆ、削り節を加えて混ぜる。

パプリカとちくわのめんつゆ煮　→ 作りおき P.199

適量を電子レンジで温める。

蒸しもち麦を混ぜた温かいご飯

□ 豚肉

✓ **鶏肉**

□ 牛肉

□ ひき肉

□ 魚 ／

あっさり味

147

#66

豚肉と豆苗、ザーサイのチャーハン弁当

急いでいるときのお助けチャーハン

豚肉と豆苗、ザーサイのチャーハン

材料

温かいご飯…200g
豚こま切れ肉…100g
豆苗…正味50g
味つきザーサイ…20g
サラダ油…大さじ1/2
A｜酒…大さじ1/2
　｜オイスターソース…大さじ1/2
いり白ごま…小さじ2

作り方

1 豆苗は1cm幅に切る。

2 フライパンに油を中火で熱し、豚肉を入れて炒める。肉の色が変わったらザーサイを加えて1分ほど炒める。

3 ご飯を加えてほぐしながら炒め、ほぐれたら豆苗を加えて炒める。豆苗がしんなりしたらAを加え、最後にごまを加えて混ぜる。

お弁当のきほんワザ

炒めた豚肉にザーサイを加え1分ほど炒めて味を移す

オクラの塩ごまあえ

材料

オクラ…3本
A｜ごま油…小さじ1
　｜塩…ひとつまみ

作り方

1 オクラはガクの周りをぐるりとむき、塩少々（分量外）でもんで洗う。

2 耐熱容器に入れて水大さじ1をふり、ラップをふんわりかけて電子レンジ（600W）で40秒加熱する。水に取って冷まし、水けをきって斜め半分に切る。

3 ボウルに入れ、Aを加えて混ぜる。

67

レンジ三色そぼろ弁当

暑い日はレンジでお弁当作り

レンジ鶏そぼろ

材料
鶏ひき肉…100g
酒…小さじ1
砂糖…小さじ1
削り節…1パック（2g）
しょうゆ…小さじ2

作り方

1 耐熱容器にすべての材料を入れ、均一になるまでよく混ぜる。

2 ラップをふんわりかけて電子レンジ（600W）で3分加熱し、すぐにほぐして冷ます。

レンジいり卵

材料
卵…1個
酒…小さじ1
砂糖…小さじ1/2
塩…少々

作り方

1 耐熱ボウルにすべての材料を入れて混ぜる。

2 電子レンジ（600W）で50秒〜1分加熱し（少し半熟が残る状態）、フォークでかき混ぜてほぐし、しっかり火を通す。

［Memo］ ボウルや丼のような口の広い形が最適。マグカップのような形は、熱が一気に上がってふくらむので要注意。加熱しすぎるとほぐす間にも余熱が入ってスカスカになってしまう。

ゆでスナップえんどう

材料
スナップえんどう…2本

作り方

1 スナップえんどうは筋を取る。

2 耐熱容器に入れて水大さじ1をふり、ラップをふんわりかけて電子レンジ（600W）で30秒加熱する。水に取って冷まし、水けをきって斜め半分に切る。

温かいご飯

68

ミネストローネ弁当

ミネストローネ

材料(容量400mℓのスープジャー)

ベーコン…2枚(35g)

玉ねぎ…50g

パプリカ(黄)*…50g

ミニトマト*…4個(50g)

A
- 洋風スープの素(顆粒)…小さじ1/3
- 塩…小さじ1/3
- こしょう…少々
- オリーブ油…小さじ1

＊種やヘタを除いた分量。

作り方

1 ベーコンは1cm幅に切る。玉ねぎ、パプリカは1cm角に切り、ミニトマトは縦半分に切る。

2 スープジャーに**1**を入れ、かぶるまで熱湯を注いで3分おく。

3 **2**の湯を捨てて**A**を加え、口まで熱湯を注いでふたをする。

[Memo] 3時間たてば食べ頃に。具は合わせて100gくらいであれば組み合わせは自由。トマト、玉ねぎ、ベーコン、ソーセージを入れるとおいしくなる。

お弁当のきほんワザ

調味料を加える前に具材とジャーを温めておく

□豚肉 □鶏肉 □牛肉 □ひき肉 □魚 ／ スープジャー

153

69

海南ライス弁当

気分転換したい日はエスニック

海南ライス

材料

鶏むね肉（皮なし）…100g

水…200㎖

ごま油…小さじ1

A ┌ 鶏がらスープの素（顆粒）
　　│　…小さじ1
　　└ 塩…小さじ1/2

作り方

1 鶏肉は3等分のそぎ切りにする。

2 小さめのフライパンに分量の水、**A**を入れて中火にかける。煮立ったら**1**を入れ、片面1分ずつゆでて火を通し、取り出す。

3 弁当箱に詰めてごま油をかける。

お弁当のきほんワザ

鶏がらスープで
むね肉を
ふっくらゆで
味つけする

いんげんとザーサイの塩炒め

➔ 作りおき　P.198

適量を電子レンジで温める。

大根の甘酢あえ

➔ 塩もみ野菜　P.207

大根の塩もみ30gの水けをきり、甘酢（→P.15）大さじ1/2を混ぜる。

塩少々、おろししょうが小さじ½を混ぜた温かいご飯、いり白ごま、パクチー

□ 豚肉

☑ 鶏肉

□ 牛肉

□ ひき肉

□ 魚 ／

あっさり味

70

豚こまのゆずこしょうマヨ焼き弁当

おかず全部が作りおき活用！

豚こまのゆずこしょうマヨ焼き

➔ 肉の下味調理　P.203

材料

豚こまのゆずこしょう
　　マヨ漬け*…1袋
サラダ油…小さじ1

*冷凍ならば前夜から冷蔵庫で
解凍する。

作り方

1　フライパンに油を中火で熱し、豚肉を入れ
　てほぐし、3分ほど炒めて火を通す。

お弁当のきほんワザ

固まっている
解凍後の肉なら
ていねいに
ほぐす

れんこんとしめじの梅いり煮

➔ 作りおき　P.201

適量を電子レンジで温める。

切り干し大根とにんじんのいり煮

➔ 作りおき　P.194

適量を電子レンジで温める。

温かいご飯、いり黒ごま、青じそ

鶏肉のオイスターみそ炒め弁当

お肉の味つけがまろやか〜

鶏肉のオイスターみそ炒め

→ 肉の下味調理　P.204

材料

鶏もも肉の
　オイスターみそ漬け*…1袋
サラダ油…小さじ1
*冷凍ならば前夜から冷蔵庫で
解凍する。

作り方

1　フライパンに油を中火で熱し、鶏肉を入れて炒める。肉の色がほぼ変わったら、ふたをして弱火にし、2分ほど蒸し焼きにして肉に火を通し、最後にふたを取ってさっと炒める。

お弁当のきほんワザ

調味料を使う
手間いらず。
炒めるだけの
時短レシピ

春雨と長ねぎの中華炒め

→ 作りおき　P.195

適量を電子レンジで温める。

じゃがいものごまみそ煮

→ 作りおき　P.201

適量を電子レンジで温める。

温かいご飯、しば漬け、青じそ

牛肉

ひき肉　魚

こってり味　朝ラク

72

鶏肉の甘辛しょうが炒め弁当

鶏肉の甘辛しょうが炒め

→ 肉の下味調理　P.202

材料
鶏もも肉の甘辛しょうが漬け*
　　…1袋
ズッキーニ…40g
サラダ油…小さじ1
＊冷凍ならば前夜から冷蔵庫で
解凍する。

作り方

1 ズッキーニは1cm厚さの半月切りにする。

2 フライパンに油、鶏肉、**1**を入れて弱めの
中火で炒める。

3 肉の色がほぼ変わったら、ふたをして弱火
で2分ほど蒸し焼きにして肉に火を通し、
最後に30秒ほど炒める。

> **お弁当のきほんワザ**
>
> 鶏肉と野菜を
> 入れてから
> 火にかけると
> 肉が硬くならない
>
>

糸こんにゃくの明太子炒め

→ 作りおき　P.197

適量を電子レンジで温める。

にんじんのごま甘酢あえ

→ 塩もみ野菜　P.206

にんじんの塩もみ30gの水けを絞り、甘酢(→P.15)小さじ1/2、いり白ごま
少々を混ぜる。

温かいご飯、塩昆布、青じそ

73

牛肉とチンゲン菜の
ソース炒め弁当

牛肉も野菜もた〜っぷり詰めます

牛肉とチンゲン菜のソース炒め

材料
牛切り落とし肉…100g
片栗粉…大さじ1/2
チンゲン菜…1/2株*
サラダ油…小さじ1

A ┃ ウスターソース…大さじ1
┃ 塩、こしょう…各少々

＊縦半分を使う。

作り方

1 牛肉は片栗粉をまぶす。チンゲン菜は斜め1〜2cm幅に切る。

2 フライパンに油を中火で熱し、牛肉を入れて炒める。肉の色が変わったらチンゲン菜を加えてふたをし、弱めの中火で1分ほど蒸し焼きにして肉に火を通す。

3 **A**を加え、手早く炒める。

お弁当のきほんワザ

牛肉に片栗粉を
まぶすと
味がよくからみ
口当たりもよい

じゃがいものごまみそ煮

→ 作りおき P.201

適量を電子レンジで温める。

きゅうりのしょうが甘酢あえ

→ 塩もみ野菜 P.206

きゅうりの塩もみ30gの水けを絞り、甘酢（→P.15）大さじ１、おろししょうが小さじ1/4を加えて混ぜる。

温かいご飯、小梅干し、青じそ

74

鶏肉とズッキーニの
オイスター炒め弁当

急ぐときはのっけ弁に限ります

鶏肉とズッキーニのオイスター炒め

材料

鶏もも肉(から揚げ用)
　　…80g
ズッキーニ…30g
サラダ油…小さじ1

A
おろししょうが
　…小さじ1/3
オイスターソース
　…大さじ1
酒…大さじ1/2
こしょう…少々

作り方

1 鶏肉は大きければ半分に切る。ズッキーニは5mm厚さの半月切りにする。

2 フライパンに油を弱めの中火で熱し、鶏肉を炒め、肉の色が変わったらズッキーニを加えて炒める。

3 ズッキーニがしんなりしたら、**A**を加えて炒める。

お弁当のきほんワザ

ズッキーニは
すぐ火が通るので
鶏肉を
炒めてから加える

温かいご飯、味つきザーサイ、いり白ごま

□ 豚肉

☑ **鶏肉**

□ 牛肉

□ ひき肉

□ 魚 ／

のっけ弁

鶏肉のみそマヨ焼き弁当

頼もしい味方、作りおき総動員

鶏肉のみそマヨ焼き

→ 肉の下味調理　P. 205

材料
鶏もも肉のみそマヨ漬け*
　…1袋
サラダ油…小さじ1
＊冷凍ならば前夜から冷蔵庫で
解凍する。

作り方
1　フライパンに油を弱めの中火で熱し、鶏肉
　を焼く。

2　焼き色がついたら裏返し、ふたをして弱火
　で2分ほど蒸し焼きにして火を通す。

お弁当のきほんワザ

焦げやすいので
弱めの中火で焼き、
焼き色が
ついたら裏返す

れんこんとしめじの梅いり煮

→ 作りおき　P. 201

適量を電子レンジで温める。

パプリカとちくわのめんつゆ煮

→ 作りおき　P. 199

適量を電子レンジで温める。

温かいご飯、ちりめんじゃこ、いり白ごま、青じそ

□ 豚肉

☑ 鶏肉

□ 牛肉

□ ひき肉

□ 魚 ／

朝ラク

76

照り焼き卵とソーセージ弁当

少ない食材で作れる簡単弁当

照り焼き卵とソーセージ

材料
卵…1個
ウインナーソーセージ…3本
サラダ油…小さじ1
A みりん…大さじ1
しょうゆ…大さじ1/2

作り方
1 ソーセージは斜めに浅く切り込みを入れる。

2 フライパンに油を中火で熱し、卵を割り落とし、ソーセージを入れて弱めの中火で焼く。

3 ソーセージは転がしながら1分ほど焼いて取り出す。目玉焼きは半分に折り、ふたをして2分ほど焼いて火を通す。

4 混ぜた**A**をかけて全体にからめる。

お弁当のきほんワザ

半熟になる前に
目玉焼きを折り
ふたをして
火を通す

混ぜ合わせた
調味料をかけ
両面にからめる

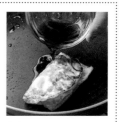

にんじんとほうれんそうのナムル

材料
にんじん…30g
ほうれんそう…60g
A ごま油…小さじ1
塩…小さじ1/4
いり白ごま…少々

作り方
1 にんじんはスライサーでせん切りにする。ほうれんそうは根元を少し切って水の中で泥を洗い、3cm長さに切る。

2 フライパンに深さ2cmくらい水を入れて中火にかけ、沸いたら**1**を入れて30秒ほどゆで、水けをよくきる。ボウルに入れ、**A**を加えて混ぜる。

[Memo] 野菜をゆでて湯をきり、そのフライパンで卵とソーセージを焼くと手間いらず。

温かいご飯、小梅干し

□ 豚肉

□ 鶏肉

□ 牛肉

□ ひき肉

□ 魚　／

こってり味

77

鶏のカレーから揚げ弁当

鶏のカレーから揚げ

材料

鶏もも肉（から揚げ用）
　　…100g
片栗粉…大さじ2
ベーキングパウダー
　　…小さじ1/3
サラダ油…大さじ3
A ┌ カレー粉…小さじ1/2
　　│ 酒…大さじ1/2
　　└ しょうゆ…大さじ1/2

作り方

1 ボウルに鶏肉を入れて**A**を加え、水分が見えなくなるまでよくもみ込む。

2 片栗粉、ベーキングパウダーを加えて混ぜる。

3 小さめのフライパンに油を入れて中温に熱し、弱めの中火で**2**を2分ほど揚げ、裏返して2分ほど揚げて火を通す。

お弁当のきほんワザ

カレー粉で
いつもと違う
味と香ばしさを
プラス

いんげんとザーサイの塩炒め
➡ 作りおき P. 198

適量を電子レンジで温める。

きゅうりのごまあえ
➡ 塩もみ野菜 P. 206

きゅうりの塩もみ30gの水けを絞り、すり白ごま小さじ1を混ぜる。

温かいご飯、いり黒ごま、フリルレタス（水けをよくふく）

揚げると際立つ、カレー粉の香り

#78

えのきつくね弁当

えのきつくね

材料
鶏ひき肉…100g
えのきたけ…40g
片栗粉…大さじ1/2
酒…大さじ1/2
おろししょうが…小さじ1/3
塩…小さじ1/4
サラダ油…小さじ1

作り方
1 えのきたけは1cm幅に切る。

2 ボウルに油以外のすべての材料、1を入れて粘りが出るまで混ぜ、4等分して小判形にまとめる。

3 フライパンに油を中火で熱し、2を入れて2分ほど焼き、焼き色がついたら裏返して2分ほど焼いて火を通す。

お弁当のきほんワザ

えのき入り
だから
火の通りが早い

さつまいもバター

材料
さつまいも
　（7mm厚さの輪切り）
　　…2〜3枚
塩…少々
バター…10g

作り方
1 さつまいもは半月切りにする。

2 フライパンに湯を沸かして1を入れ、竹串が刺さるまで中火でゆで、ざるに上げる。

3 ボウルに入れて塩をふり、バターをのせ、冷めたら混ぜる。

ブロッコリーのごまあえ

材料
ブロッコリー…3房
すり白ごま…大さじ1/2
めんつゆ（3倍濃縮）
　…小さじ1

作り方
1 ブロッコリーは縦半分に切る。

2 フライパンに湯を沸かして1を入れ、中火で1分ほどゆでて水に取る。

3 水けをきってボウルに入れ、白ごま、めんつゆを加えて混ぜる。

［Memo］「さつまいもバター」の作り方2で一緒に1分ほどゆでると時短になる。

温かいご飯、いり黒ごま

79

レンズ豆の
トマトクリームスープ弁当

乾燥豆をそのままジャーで保温調理

レンズ豆のトマトクリームスープ

材料(容量400mlのスープジャー)
レンズ豆(乾燥)…大さじ3
玉ねぎ…50g
ウインナーソーセージ…3本
パセリ(あれば)…少々

A
トマトジュース…200ml
牛乳…100ml
洋風スープの素(顆粒)
…小さじ1/3
塩…小さじ1/3
こしょう…少々

作り方

1 玉ねぎは1cm角に切る。ソーセージは斜め3等分に切る。

2 スープジャーにレンズ豆を入れ、かぶるまで熱湯を注いで3分おく。

3 鍋に**A**、**1**を入れて中火にかけ、煮立ったらふたをして弱火で3分ほど煮る。

4 **2**の湯だけを捨て、**3**を注いでパセリを加え、ふたをする。

[Memo] 4時間たてば食べ頃に。

お弁当のきほんワザ

水戻しなしで
すぐ使える
レンズ豆で時間も
手間もカット

80

鶏肉のゆずこしょうマヨ焼き弁当

下味のマヨでむね肉がしっとり

鶏肉のゆずこしょうマヨ焼き

➡ 肉の下味調理　P.203

材料

鶏むね肉の
　ゆずこしょうマヨ漬け＊
　…1袋

＊冷凍ならば前夜から冷蔵庫で
解凍する。

作り方

1 フライパンに鶏肉を入れ、弱めの中火で焼く。

2 焼き色がついたら裏返し、ふたをして弱火
で2分ほど炒めて火を通す。

お弁当のきほんワザ

オクラを焼いた
フライパンで
油を使わずに
鶏肉を焼く

ごぼうとにんじんのきんぴら

➡ 作りおきレシピ　P.196

適量を電子レンジで温める。

焼きオクラ

材料

オクラ…2本
塩…少々
サラダ油…小さじ1

作り方

1 オクラはガクの周りをぐるりとむき、塩
少々（分量外）でもんで洗う。

2 フライパンに油を中火で熱し、**1**を転がし
ながら1〜2分焼き、塩をふる。

3 冷めたら斜め半分に切る。

[Memo] 鶏肉を焼く前にオクラを焼き、フライパン
をそのまま使うと時短になる。

温かいご飯、小梅干し

□豚肉

☑鶏肉

□牛肉

□ひき肉

□魚／

あっさり味

#81

牛肉と玉ねぎのプルコギ風弁当

野
菜
も
と
れ
る
韓
国
風
焼
き
肉
弁
当

牛肉と玉ねぎのプルコギ風

材料

牛切り落とし肉…100g

玉ねぎ…30g

パプリカ(赤)…1/4個

ごま油…大さじ1/2

A
コチュジャン…大さじ1
酒…大さじ1/2
しょうゆ…大さじ1/2
砂糖…小さじ1

作り方

1 玉ねぎは薄切りにして長さを半分に切り、パプリカは横に細切りにする。

2 ポリ袋に**A**、牛肉を入れてもみ、なじんだら**1**を加えて軽くもむ。

3 フライパンに油を弱めの中火で熱し、**2**を入れて2〜3分炒めて肉に火を通す。

お弁当のきほんワザ

味つけするときは
ポリ袋を使って
洗いものを
減らす

ほうれんそうのナムル

➡ 作りおき P.195

適量を電子レンジで温める。

温かいご飯、韓国のり、青じそ

□ 豚肉

□ 鶏肉

☑ **牛肉**

□ ひき肉

□ 魚

⎯

こってり味

82

鮭のカレーマヨ焼き弁当

今日の鮭弁はいつもとは違う味

鮭のカレーマヨ焼き

材料

生鮭…1切れ
片栗粉…大さじ1/2
サラダ油…小さじ1

A
マヨネーズ…大さじ1
カレー粉…小さじ1
みりん…大さじ1
塩…ひとつまみ

作り方

1 鮭はキッチンペーパーではさんで水けを取り、4等分に切って片栗粉をまぶす。

2 Aは混ぜ合わせる。

3 大きめのフライパンに油を中火で熱し、1を入れて2分ほど焼き、皮もさっと焼く。裏返しふたをし、弱火で3分ほど焼いて火を通す。

4 いったん火を止め、フライパンの余分な油をふいて弱火にかけ、鮭に2をかけてからめる。

お弁当のきほんワザ

鮭とさつまいもを
同時に焼いて時短。
鮭は皮を焼くと
香ばしくなる

焼きさつまいも

材料

さつまいも(7mm厚さの輪切り)
…2枚
塩…少々

作り方

1 さつまいもは半月切りにする。1分ほど水にさらし、水けをきる。

2 「鮭のカレーマヨ焼き」の作り方3で、鮭と一緒にフライパンに入れ、両面を焼く。

3 竹串がスッと通ったら、取り出し、塩をふって冷ます。

ひよこ豆とセロリのマリネ

材料

蒸しひよこ豆…20g
セロリ…15g
フレンチドレッシング
(→P.15)…大さじ1
粉チーズ…小さじ1/2

作り方

1 セロリは薄切りにしてボウルに入れ、ひよこ豆、ドレッシングを加えて混ぜる。

2 粉チーズを下に敷いて詰める。

お弁当のきほんワザ

マリネの下に
粉チーズを敷くと
水っぽくならない

温かいご飯、小梅干し

□ 豚肉

□ 鶏肉

□ 牛肉

□ ひき肉

☑ **魚** ／

こってり味

83

鶏肉とコーンの
バターじょうゆ炒め弁当

バターじょうゆの香ばしさは無敵

鶏肉とコーンのバターじょうゆ炒め

材料
鶏もも肉（から揚げ用）
　…80g
コーン…1缶（55g）
バター…10g
しょうゆ…大さじ1

作り方

1　鶏肉は2cm角に切る。

2　フライパンにバターを入れて弱めの中火で
　熱し、**1**を炒める。色が変わったらコーン
　を加え、1分ほど炒め合わせる。

3　しょうゆを回し入れ、サッと炒める。

> **お弁当のきほんワザ**
>
> 鶏肉が
> 白くなってから
> コーンを加え
> 手早く炒める

ブロッコリーのマヨ添え

材料
ブロッコリー…2房
マヨネーズ…適量

作り方

1　ブロッコリーは耐熱容器に入れて水大さじ
　1をふり、ラップをふんわりかけて電子レン
　ジ（600W）で40秒加熱する。

2　水に取って冷まし、キッチンペーパーで包
　んで水けをきる。

3　房の裏側にマヨネーズを絞る。

温かいご飯

☐ 豚肉

☑ **鶏肉**

☐ 牛肉

☐ ひき肉 ☐ 魚 ／

のっけ弁

#84

なすの青じそ肉巻き弁当

やみつきになる、ゆずこしょう味

なすと青じその肉巻き

材料
豚肉(しゃぶしゃぶ用)…4枚
なす…1本
青じそ…4枚
サラダ油…大さじ1/2
A │ ゆずこしょう
　　 │ 　…小さじ1/2
　　 │ みりん…大さじ1

作り方
1 なすは縦4等分に切り、青じそは軸を切る。

2 豚肉を広げて斜めに置く。なすに青じそを巻いて肉の手前から巻き、軽く握って肉を密着させる。

3 フライパンに油を中火で熱し、**2**の巻き終わりを下にして入れる。焼き色がついたら、転がして全体を焼き、ふたをして1分ほど蒸し焼きにする。

4 **A**を加え、上下を返しながらからめる。

なすの全体を覆えるように肉を斜めに巻いていく

ふたをして蒸し焼きにしなすまで火を通す

卵焼き

材料
卵…2個
サラダ油…大さじ1
A │ 酒…大さじ1
　　 │ 砂糖(好みで)…小さじ1
　　 │ 塩…ひとつまみ

作り方
1 ボウルで卵をときほぐし、**A**を加えて混ぜる。

2 卵焼き器に油を中火で熱し、余分な油はキッチンペーパーに吸わせる。**1**の1/3量を入れ、半熟状になったらまとめて端に寄せる。キッチンペーパーの油を塗り、残りの1/2量を加え、寄せた卵の下にも流す。ほぼ固まったら巻いて端に寄せ、残りも同様に焼く。

3 好みで巻きすかキッチンペーパーで巻き、網にのせて冷ます。ひと口大に切り、好みの量を詰める。

[Memo] 残った卵焼きは冷蔵庫で保存し、その日のうちに食べきる。

豆もやしのナムル

材料
豆もやし…100g
A │ ごま油…大さじ1/2
　　 │ 塩…ひとつまみ

作り方
1 フライパンの深さの半分くらい湯を沸かし、豆もやしを入れてふたをし、中火で1分ほどゆでてざるに上げる。

2 ボウルに、**A**、**1**を入れて混ぜる。

[Memo] 豆もやしをゆでたフライパンでそのまま肉巻きを焼くと時短に。

温かいご飯、いり白ごま、青じそ

#85

にんじんつくね弁当

ちょっと甘めの照り焼きが人気です

にんじんつくね

材料
鶏ひき肉…100g
にんじん…50g
片栗粉…大さじ1/2
酒…大さじ1/2
塩…ひとつまみ
サラダ油…小さじ1
A｜みりん…大さじ1
　｜しょうゆ…大さじ1/2

作り方
1 にんじんはスライサーでせん切りにする。

2 ボウルに油とA以外のすべての材料を入れて粘りが出るまで混ぜ、5等分して手で軽く握ってまとめる。

3 フライパンに油を中火で熱し、2を入れて2分ほど焼き、焼き色がついたら裏返して2分ほど焼いて火を通す。

4 Aを加えてつくねにからめる。

[Memo] 野菜をゆでたフライパンでそのままつくねを焼くと時短に。

蒸し焼きで完全に火を通してから調味料をからめる

れんこんのマスタードあえ

材料
れんこん…40g
A｜マヨネーズ…小さじ1
　｜粒マスタード…小さじ1/2
　｜塩…少々

作り方
1 れんこんは薄い半月切りにし、水にさっとさらし、水けをきる。

2 フライパンに湯を沸かして1を入れ、中火で1分ほどゆでてざるに上げる。

3 水けをきってボウルに入れ、Aを加えて混ぜる。

ブロッコリーのオイルあえ

材料
ブロッコリー…3房
オリーブ油…小さじ1/2
塩、こしょう…各少々

作り方
1 フライパンに湯を沸かしてブロッコリーを入れ、中火で1分ほどゆでてざるに上げる。

2 水けをきってボウルに入れ、オリーブ油、塩、こしょうを加えて混ぜる。

[Memo]「れんこんのマヨマスタードあえ」の作り方2で一緒にゆでると時短になる。

温かいご飯、いり白ごま、青じそ

□豚肉

□鶏肉

□牛肉

☑ **ひき肉** □魚

／

甘辛味

86

豚こまのコチュジャン炒め弁当

豚こまのコチュジャン炒め

→ 肉の下味調理 P.204

材料

豚こまのコチュジャン漬け*
　…1袋
カリフラワー…50g
水…大さじ3
サラダ油…小さじ1

＊冷凍ならば前夜から冷蔵庫で
解凍する。

作り方

1 カリフラワーはひと口大に切る。

2 小さめのフライパンに**1**、分量の水を入れ、中火にかけてふたをする。ふつふつと沸いてきたらそのまま2分ほど蒸しゆでにする。

3 弱めの中火にしてふたを取り、水けを飛ばしたら、油、豚肉を加える。肉の色が変わるまでほぐしながら2分ほど炒め、肉に火を通す。

お弁当のきほんワザ

カリフラワーを
蒸しゆでしてから
豚肉を炒めて
同時に調味する

大豆とじゃこの塩炒め

→ 作りおき P.200

適量を電子レンジで温める。

糸こんにゃくの明太子炒め

→ 作りおき P.197

適量を電子レンジで温める。

温かいご飯、小梅干し、青じそ

#87

さ さ 身フライ弁当

フライが簡単にできる画期的レシピ

ささ身フライ

材料
鶏ささ身（筋なし）…2本
塩…少々
マヨネーズ…大さじ1
パン粉…大さじ3
サラダ油…大さじ3

作り方
1 ささ身は斜め半分に切り、塩をふる。

2 バットなどに入れてマヨネーズをからめ、パン粉を加えてまぶす。

3 小さめのフライパンに油を入れて弱めの中火で熱し、**2**を入れて1分半ほど揚げ、裏返して1分半ほど揚げる。

お弁当のきほんワザ

時短するなら
粉＋とき卵の
代わりに
マヨネーズ

少ない油で
揚げれば
後片づけが
簡単に

焼きしいたけ

材料
生しいたけ…1枚
みそ…少々

作り方
1 しいたけは軸を切り、笠の裏を上にしてアルミホイルにのせ、オーブントースターまたはグリルでしんなりするまで焼く。

2 冷めたら半分に切り、笠の裏側にみそを塗る。

キャベツのポン酢あえ

➡ 塩もみ野菜　P.207

キャベツの塩もみ適量の水けを絞り、ポン酢しょうゆ、削り節各適量を混ぜる。

温かいご飯、赤じそふりかけ、青じそ

88

牛肉となすのオイスター炒め弁当

隠し味の砂糖でまろやかな味に

牛肉となすのオイスター炒め

材料

牛切り落とし肉…100g
片栗粉…小さじ1
なす…小1本（80g）
サラダ油…大さじ1/2

A ┌ オイスターソース
  │   …小さじ1
  │ しょうゆ…小さじ1
  │ 砂糖…ひとつまみ
  └ こしょう…少々

作り方

1 牛肉は片栗粉をまぶす。なすは縦半分に切り、7mm幅に切る。

2 フライパンに油を中火で熱し、牛肉を入れて色が変わるまで2分ほど炒める。なすを加えてふたをし、弱めの中火で1分ほど蒸し焼きにする。

3 ふたを取り、なすがしんなりするまで炒めたら、Aを加えてさっと炒める。

お弁当のきほんワザ

牛肉を炒めてから
なすを加え
なすの水分で
蒸し焼きにする

キャベツの赤じそあえ

→ 塩もみ野菜　P.207

キャベツの塩もみ30gの水けを絞り、赤じそふりかけ少々をふる。

にんじんの含め煮

→ 作りおき　P.200

里いもとしいたけの含め煮のにんじん2切れを電子レンジで温める。

[Memo] あれば彩りに加えたい。

温かいご飯、たくあん、青じそ

作りおきのサブおかず

野菜やきのこ、乾物を水けが出にくい料理にします。
3日間で使いきれないときは夕食のひと品に。

#01 ひじきと にんじんのいり煮

このお弁当に！

➡ P. 40
豚ヒレのみそ炒め弁当

➡ P. 62
豚こまのみそマヨ炒め弁当

➡ P. 138
ささ身の田楽みそ焼き弁当

材料（作りやすい分量）

ひじき（乾燥）…12g
にんじん…70g
油揚げ…1枚
いり白ごま…大さじ1/2
サラダ油…大さじ1/2

A
水…50mℓ
みりん…大さじ2
しょうゆ…大さじ2
砂糖…小さじ1

作り方

1 ひじきはたっぷりの水に10〜15分つけて戻し、水けをきる。

2 にんじんはせん切りにする。油揚げはキッチンペーパーではさんで油を取り、横半分に切って細切りにする。

3 フライパンに油を中火で熱し、1、2を炒める。全体に油がなじんだらAを加え、煮立ったらふたをして弱火で4分ほど煮る。

4 ふたを取り、混ぜながら煮汁がほぼなくなるまで煮詰め、白ごまを加えて混ぜる。

#02 切り干し大根と にんじんのいり煮

このお弁当に！

➡ P. 20
鶏つくね弁当

➡ P. 114
鶏肉といんげんのBBQ炒め弁当

➡ P. 156
豚こまのゆずこしょうマヨ焼き弁当

材料（作りやすい分量）

切り干し大根（乾燥）…30g
にんじん…60g
さつま揚げ…2枚（60g）
サラダ油…小さじ1

A
だし汁…大さじ3
みりん…大さじ2
酒…大さじ1
うす口しょうゆ…大さじ1

作り方

1 切り干し大根は水の中でもんで洗い、水を替え、たっぷりの水に5分ほどつけて戻し、水けを絞る。

2 にんじん、さつま揚げ1枚は細切りにし、残りのさつま揚げは4等分に切る。

3 フライパンに油を中火で熱し、1、2を炒める。油がなじんだらAを加えて混ぜ、煮立ったらふたをして弱火で5分ほど煮る。

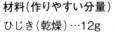

☑ 保存期間

保存容器に入れ、
冷蔵で3日間を目安に保存します。

☑ 朝、再加熱する

使う分を耐熱容器に入れてラップをかけ、電子レンジで80℃以上になるまで加熱します。
中心まで熱くなり、湯気が立つくらいが目安。完全に冷ましてから、お弁当箱に詰めます。

#03 春雨と 長ねぎの中華炒め

 このお弁当に！

→ P. 96
肉巻き卵の照り焼き弁当

→ P.124
鶏肉の塩レモン焼き弁当

→ P. 158
鶏肉のオイスターみそ炒め弁当

材料（作りやすい分量）

春雨（乾燥）…40g

長ねぎ…10cm

ハム…2枚

ごま油…大さじ1/2

A
水…150ml
おろししょうが…小さじ1/2
酒…大さじ1
しょうゆ…大さじ1
砂糖…小さじ1/2

作り方

1 長ねぎは縦半分に切って斜め薄切りにし、ハムは3等分に切って細切りにする。

2 フライパンに油、**1**を入れて中火で炒める。長ねぎがしんなりしたら**A**を加えて混ぜ、春雨を加えて煮汁に浸す。

3 煮立ったらふたをし、弱火で4分ほど煮る。ふたを取り、汁けがあったら中火にして混ぜながら飛ばす。

#04 ほうれんそうの ナムル

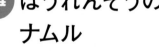

 このお弁当に！

→ P. 22
三色そぼろ弁当

→ P. 90
豚こまのカレーじょうゆ焼き弁当

→ P. 178
牛肉と玉ねぎのプルコギ風弁当

材料（作りやすい分量）

ほうれんそう…200g

A
長ねぎ（みじん切り）
…5cm分
おろししょうが…小さじ1/2
ごま油…大さじ1
塩…小さじ1/3

作り方

1 ほうれんそうは株元を少し切り、十字に切り込みを入れ、水にさらして泥を落とす。

2 鍋に湯をたっぷり沸かし、**1**を1/3量ずつ入れてゆで、水に取って冷まし、水けをきる。

3 水けを絞って3cm長さに切り、ボウルに入れて**A**を加えて混ぜる。

#05 ごぼうと
にんじんのきんぴら

このお弁当に!

→ P.24
焼き鮭弁当

→ P.144
豚のみそしょうが焼き弁当

→ P.176
鶏肉のゆずこしょうマヨ焼き弁当

材料(作りやすい分量)
ごぼう…100g

にんじん…60g

サラダ油…大さじ1/2

A
赤唐辛子(小口切り)＊
…1本分

だし汁…大さじ3

みりん…大さじ2

しょうゆ…大さじ1

酒…大さじ1

＊種を除く

作り方
1 ごぼうは斜め薄切りにしてせん切りにし、水にさっとさらし、水けをきる。にんじんは細切りにする。

2 フライパンに油を中火で熱して1を炒め、油がなじんだらAを加える。

3 煮立ったらふたをし、弱火で4〜5分煮る。ふたを取り、汁けがあったら中火にして混ぜながら飛ばす。

#06 ピーマンとツナの
甘カレー炒め

このお弁当に!

→ P.32
ちくわの磯辺揚げ弁当

→ P.78
豚ヒレのポークチャップ弁当

→ P.106
鶏肉のハーブ焼き弁当

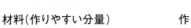

材料(作りやすい分量)
ピーマン…4個

ツナ(油漬け)…1缶(70g)

A
カレー粉…小さじ1/2

酒…大さじ1

しょうゆ…小さじ1

砂糖…小さじ1

作り方
1 ピーマンは縦半分に切り、横に細切りにする。

2 フライパンにツナを油ごと入れて中火にかけ、1を加えて2分ほど炒め、Aを加えてさっと炒める。

✓ 保存期間

保存容器に入れ、
冷蔵で3日間を目安に保存します。

✓ 朝、再加熱する

使う分を耐熱容器に入れてラップをかけ、電子レンジで80℃以上になるまで加熱します。
中心まで熱くなり、湯気が立つくらいが目安。完全に冷ましてから、お弁当箱に詰めます。

#07 糸こんにゃくの 明太子炒め

 このお弁当に!

→ P.60
鶏肉のコチュジャン焼き弁当

→ P.160
鶏肉の甘辛しょうが炒め弁当

→ P.188
豚こまのコチュジャン炒め弁当

材料（作りやすい分量）

糸こんにゃく…200g
辛子明太子*…1/2腹（40g）
サラダ油…大さじ1/2

A
| 酒…大さじ1
| だし汁…大さじ2
| うす口しょうゆ…小さじ1

*またはたらこ同量

作り方

1 鍋に糸こんにゃくとかぶるくらいの水を入れて強火にかけ、沸騰したら3分ほどゆでる。湯をきり、食べやすい長さに切る。

2 明太子は1cm幅に切る。

3 フライパンに1を入れて中火にかけ、混ぜながら水けを飛ばす。

4 水けがなくなったら油を加えて炒め、油がなじんだら2を加えてほぐしながら炒める。Aを加え、混ぜながら炒めて明太子に火を通す。

#08 にんじんしりしり

 このお弁当に!

→ P.28
鶏のから揚げ弁当

→ P.86
豚こまのオイスターじょうゆ炒め弁当

→ P.130
ささ身の磯辺巻き弁当

材料（作りやすい分量）

にんじん…1本（150g）
卵…1個
サラダ油…小さじ1
ごま油…小さじ1

A
| 酒…大さじ1
| しょうゆ…小さじ1
| 塩…小さじ1/4

作り方

1 にんじんはスライサーでせん切りにする。

2 ボウルに卵を割り入れてときほぐす。

3 フライパンにサラダ油を中火で熱し、2を入れて菜箸で混ぜていり卵を作り、取り出す。

4 3のフライパンにごま油を足して中火にかけ、1を入れて2分ほど炒める。しんなりしたらAを加えて混ぜながら1分ほど炒め、いり卵を加えて混ぜる。

作りおきのサブおかず

#09 いんげんと ザーサイの塩炒め

 このお弁当に！

➡ P. 104
豚こまのBBQ炒め弁当

➡ P. 154
海南ライス弁当

➡ P. 170
鶏のカレーから揚げ弁当

材料（作りやすい分量）

さやいんげん…100g
味つきザーサイ*…30g
長ねぎ…5㎝
ごま油…大さじ1/2

A
おろししょうが
…小さじ1/3
酒…大さじ1
塩…小さじ1/4
こしょう…少々

＊ベーコン1枚に替えて洋風に
してもいい。そのときはオリー
ブ油で炒め、長ねぎは入れない。

作り方

1 いんげんはヘタを切り、3等分に切る。ザーサイは大きければざっと刻む。長ねぎはみじん切りにする。

2 フライパンに油を中火で熱し、いんげんを入れて油がなじむまで炒める。

3 ふたをし、弱めの中火で2〜3分蒸し焼きにし、A、ザーサイ、長ねぎを加えて炒める。

#10 えのきのおかか煮

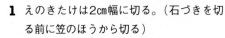
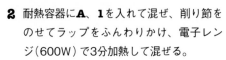

 このお弁当に！

➡ P. 46
鶏肉のオイスターみそ焼き弁当

➡ P. 98
鶏肉のチンジャオロースー弁当

➡ P. 144
豚のみそしょうが焼き弁当

材料（作りやすい分量）

えのきたけ…1パック（200g）
削り節…1袋（4.5g）

A
しょうゆ…大さじ1
みりん…大さじ1
水…大さじ1

作り方

1 えのきたけは2㎝幅に切る。（石づきを切る前に笠のほうから切る）

2 耐熱容器にA、1を入れて混ぜ、削り節をのせてラップをふんわりかけ、電子レンジ（600W）で3分加熱して混ぜる。

☑ 保存期間

保存容器に入れ、
冷蔵で3日間を目安に保存します。

☑ 朝、再加熱する

使う分を耐熱容器に入れてラップをかけ、電子レンジで80℃以上になるまで加熱します。
中心まで熱くなり、湯気が立つくらいが目安。完全に冷ましてから、お弁当箱に詰めます。

#11 パプリカと ちくわのめんつゆ煮

このお弁当に！

➡ P. 92
鶏肉の甘塩麹焼き弁当

➡ P. 146
ささ身の梅しそ巻き弁当

➡ P. 166
鶏肉のみそマヨ焼き弁当

材料(作りやすい分量)

パプリカ(赤)…1個(150g)
ちくわ…2本
A めんつゆ(3倍濃縮)
　 …大さじ2
　 水…大さじ3

作り方

1 パプリカは縦半分に切り、さらに縦に3等分し、ひと口大に切る。

2 ちくわは1本を7mm幅に切り、残り1本は斜めに1cm幅に切る。

3 耐熱容器にA、1、2を入れて混ぜ、ラップをふんわりかけ、電子レンジ(600W)で2分加熱して混ぜる。

#12 きのこの チーズマリネ

このお弁当に！

➡ P. 26
ハンバーグ弁当

➡ P. 38
豚こまのピカタ弁当

➡ P. 64
ペッパーステーキ弁当

材料(作りやすい分量)

しめじ…1パック(160g)
エリンギ…1パック(110g)
粉チーズ…大さじ2
オリーブ油…大さじ2
A 塩…小さじ1/4
　 こしょう…少々

作り方

1 しめじはほぐす。エリンギは縦半分に切ってから1.5cm幅に切る。

2 フライパンに油を中火で熱し、1を入れて3〜4分炒める。

3 Aを加えて混ぜ、火を止めて粉チーズを加えて混ぜる。

#13 里いもとしいたけの 含め煮

このお弁当に!

➡ P. 88
鶏天弁当

➡ P. 128
鶏の照り煮弁当

➡ P. 192
牛肉となすのオイスター炒め弁当

材料(作りやすい分量)
里いも(冷凍)…150g
生しいたけ…3枚
にんじん…1/3本(60g)
サラダ油…大さじ1/2
A │ だし汁…150㎖
　 │ みりん…大さじ1
　 │ しょうゆ…大さじ1
　 │ 砂糖…小さじ1

作り方

1 里いもは凍ったままさっと洗う。しいたけは軸を切って半分に切る。にんじんは小さめの乱切りにする。

2 鍋に油を中火で熱して1を入れて炒め、全体に油がなじんだらAを加える。

3 煮立ったら、ふたをして弱火で10分ほど煮る。冷めるまでそのままおいて味を含ませる。

#14 大豆と じゃこの塩炒め

このお弁当に!

➡ P. 104
豚こまのBBQ炒め弁当

➡ P. 144
豚のみそしょうが焼き弁当

➡ P. 188
豚こまのコチュジャン炒め弁当

材料(作りやすい分量)
蒸し大豆…100g
ちりめんじゃこ…30g
長ねぎ…10㎝
サラダ油…大さじ1/2
A │ 酒…大さじ1
　 │ 塩…小さじ1/4
　 │ こしょう…少々

作り方

1 長ねぎは縦半分に切ってから小口切りにする。

2 フライパンに油を中火で熱し、大豆、じゃこ、1を入れて2分ほど炒める。Aを加えて混ぜ、汁けを飛ばす。

☑ **保存期間**

保存容器に入れ、
冷蔵で3日間を目安に保存します。

☑ **朝、再加熱する**

使う分を耐熱容器に入れてラップをかけ、電子レンジで80℃以上になるまで加熱します。
中心まで熱くなり、湯気が立つくらいが目安。完全に冷ましてから、お弁当箱に詰めます。

#15 れんこんと しめじの梅いり煮

 このお弁当に！

→ P. 18
豚のしょうが焼き弁当

→ P. 156
豚こまのゆずこしょうマヨ焼き弁当

→ P. 166
鶏肉のみそマヨ焼き弁当

材料(作りやすい分量)

れんこん…150g
しめじ…1パック(100g)
梅干し…1個
サラダ油…大さじ1/2
A │ 削り節…4.5g
　│ 水…100ml
　│ みりん…大さじ2
　│ 酒…大さじ1
　│ うす口しょうゆ…大さじ1

作り方

1 れんこんは縦半分に切って薄切りにし、水に1分ほどさらして水けをきる。しめじはほぐす。

2 フライパンに油を中火で熱し、**1**を炒める。しめじがややしんなりしてきたら、**A**、梅干しの果肉をちぎって加え、種も加える。

3 煮立ったら、ふたをして弱火で7〜8分煮る。ふたを取って中火にし、煮汁がほぼなくなるまで煮る。

#16 じゃがいもの ごまみそ煮

 このお弁当に！

→ P. 90
豚こまのカレーじょうゆ焼き弁当

→ P. 158
鶏肉のオイスターみそ炒め弁当

→ P. 162
牛肉とチンゲン菜のソース炒め弁当

材料(作りやすい分量)

じゃがいも…2個(300g)
みそ…大さじ1と1/2
すり白ごま…大さじ1と1/2
サラダ油…大さじ1/2
A │ 水…100ml
　│ 酒…大さじ1
　│ みりん…大さじ1
　│ 砂糖…大さじ1/2

作り方

1 じゃがいもはひと口大に切り、水に3分ほどさらし、水けをきる。

2 フライパンに油を中火で熱し、**1**を炒める。油がなじんだら**A**を加え、煮立ったら、ふたをして弱火で6分ほど煮る。

3 みそを加えて溶き、ふたをしてさらに5分ほど煮る。

4 中火にして煮詰め、煮汁をからめながらごまを加えて混ぜる。

肉の下味調理カタログ

好みの肉に下味をつけておいておくだけ。
当日はただ焼くだけであっという間にメインおかずが完成。

お弁当向けの肉の下味調理のきほん

1 お弁当1食に使うのは、肉100gが目安

300gのパックで購入すれば、3食分のおかずが仕込めます。

お弁当に向いている肉はこの3種類

豚こま切れ肉
100gずつ3等分にして
まとめておく。

鶏もも肉
余分な皮と脂肪、筋を取
り除き、小さめのひと口
大に切る。

鶏むね肉
縦半分に切ってから、小
さめのひと口大にそぎ切
りにする。

---

2 100gずつ袋に入れる

翌日使う冷蔵分はポリ袋に、
翌々日以降に使う分は
冷凍用保存袋に入れます。

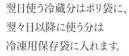

---

3 それぞれ調味料を加えてもむ

各レシピを参照し、
好みの下味調味料を加えて軽くもみ、
袋の空気を抜いて口を閉じます。

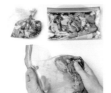

---

4 冷蔵or冷凍する

冷凍するときは、
保存袋を平らにしましょう。

#01 甘辛しょうが漬け

下味調味料

 しょうゆ
大さじ1

 おろししょうが
小さじ1/2

 砂糖
小さじ1

作り方
肉100gに調味料を加えて軽くも
み、冷蔵・冷凍する。

このお弁当に！

➡ P.160
鶏肉の甘辛しょうが炒め弁当

#02 ゆずこしょう マヨ漬け

下味調味料

 マヨネーズ
大さじ1

 ゆずこしょう
小さじ1

 塩
ひとつまみ（1g）

作り方
肉100gに調味料を加えて軽くもみ、冷蔵・冷凍する。

このお弁当に！

➡ P. 176
鶏肉のゆずこしょうマヨ焼き弁当

#03 カレー じょうゆ漬け

下味調味料

 しょうゆ
大さじ1

 カレー粉
小さじ1

 砂糖
小さじ1

作り方
肉100gに調味料を加えて軽くもみ、冷蔵・冷凍する。

このお弁当に！

➡ P. 90
豚こまのカレーじょうゆ焼き弁当

#04 塩レモン 漬け

下味調味料

 酒
大さじ1/2

 塩
小さじ1/4

 レモン（半月切り）
2枚

 レモン汁
大さじ1

作り方
肉100gに調味料を加えて軽くもみ、冷蔵・冷凍する。

このお弁当に！

➡ P. 124
鶏肉の塩レモン焼き弁当

#05 BBQ漬け

下味調味料

トマトケチャップ
大さじ1

カレー粉
小さじ1/2

しょうゆ
小さじ1

作り方
肉100gに調味料を加えて軽くもみ、冷蔵・冷凍する。

このお弁当に!

→ P.104
豚こまのBBQ炒め弁当

#06 コチュジャン漬け

下味調味料

コチュジャン
大さじ1/2

しょうゆ
小さじ1

砂糖
小さじ1

作り方
肉100gに調味料を加えて軽くもみ、冷蔵・冷凍する。

このお弁当に!

→ P.188
豚こまのコチュジャン炒め弁当

#07 オイスターみそ漬け

下味調味料

オイスターソース
大さじ1/2

みそ
大さじ1/2

砂糖
小さじ1

作り方
肉100gに調味料を加えて軽くもみ、冷蔵・冷凍する。

このお弁当に!

→ P.46
鶏肉のオイスターみそ焼き弁当

☑️ 保存期間

冷蔵／漬けた翌日まで。
冷凍／漬けてから約2週間。

#08 オイスター じょうゆ漬け

下味調味料

 オイスターソース
大さじ1/2

 しょうゆ
大さじ1/2

 砂糖
小さじ1

作り方
肉100gに調味料を加えて軽くもみ、冷蔵・冷凍する。

このお弁当に！

➡ P. 86
豚こまのオイスターじょうゆ炒め弁当

#09 みそマヨ 漬け

下味調味料

 みそ
大さじ1

 マヨネーズ
大さじ1

作り方
肉100gに調味料を加えて軽くもみ、冷蔵・冷凍する。

このお弁当に！

➡ P. 166
鶏肉のみそマヨ焼き弁当

#10 甘塩麹漬け

下味調味料

 塩麹
大さじ1

 砂糖
小さじ1

作り方
肉100gに調味料を加えて軽くもみ、冷蔵・冷凍する。

このお弁当に！

➡ P. 92
鶏肉の甘塩麹焼き弁当

塩もみ野菜カタログ

生野菜は塩もみしておくと、お弁当に最適な副菜に。
朝は水けを絞って詰めればOK。ごまやおかかでひと味プラスしても。

お弁当向けの塩もみ野菜の漬け方

1 ポリ袋に入れて塩をふる

野菜を切ってポリ袋に入れ、野菜の重さの1％ほどの塩をふる。

大根やかぶは2種類の切り方にすると、すき間埋めに使いやすい。

2 軽くもむ

袋をふって塩をまぶし、口を結んで冷蔵する。

詰める前に

キッチンペーパーではさむか手で絞り、水けを除いて使う。

#01 きゅうりの塩もみ

このお弁当に！

➡ P.20
鶏つくね弁当

➡ P.78
豚ヒレのポークチャップ弁当

材料（作りやすい分量）
きゅうり…1本（100g）
塩…1g（ひとつまみ）

作り方
きゅうりは薄切りにしてポリ袋に入れ、塩を加えて軽くもみ、冷蔵庫で保存する。

#02 にんじんの塩もみ

このお弁当に！

➡ P.44
牛肉と玉ねぎのクミン炒め弁当

➡ P.70
ささ身のから揚げ弁当

材料（作りやすい分量）
にんじん…1/2本（100g）
塩…1g（ひとつまみ）

作り方
にんじんはスライサーでせん切りにしてポリ袋に入れ、塩を加えて軽くもみ、冷蔵庫で保存する。

#03 かぶの塩もみ

このお弁当に！

→ P. 24
焼き鮭弁当

→ P. 40
豚ヒレのみそ炒め弁当

材料(作りやすい分量)
かぶ…2個(360g)
塩…3g

作り方
かぶは皮をむき、くし形切りと半月切りにする。あればかぶの葉少々を刻む。合わせてポリ袋に入れ、塩を加えて軽くもみ、冷蔵庫で保存する。

#05 キャベツの塩もみ

このお弁当に！

→ P. 18
豚のしょうが焼き弁当

→ P. 34
ドライカレー弁当

材料(作りやすい分量)
キャベツ…150g
塩…1.5g(小さじ1/4)

作り方
キャベツはひと口大に切ってポリ袋に入れ、塩を加えて軽くもみ、冷蔵庫で保存する。

#04 白菜の塩もみ

このお弁当に！

→ P. 62
豚こまのみそマヨ炒め弁当

→ P. 88
鶏天弁当

材料(作りやすい分量)
白菜…200g
塩…2g

作り方
白菜は1cm幅に切ってポリ袋に入れ、塩を加えて軽くもみ、冷蔵庫で保存する。

#06 大根の塩もみ

このお弁当に！

→ P. 134
牛肉とごぼうのしぐれ煮弁当

→ P. 154
海南ライス弁当

材料(作りやすい分量)
大根…200g
塩…2g

作り方
大根は拍子木切りといちょう切りにしてポリ袋に入れ、塩を加えて軽くもみ、冷蔵庫で保存する。

井原裕子 いはらゆうこ

料理研究家、食生活アドバイザー、野菜ソムリエ。アメリカ、イギリスに約8年在住し、帰国後、料理研究家のアシスタントを12年務めて独立。季節感を大切に自然の恵みをおいしくいただくこと、からだにやさしい食べ方、誰もがおいしく作れる料理をテーマにテレビや雑誌などで活躍中。長年にわたる娘のお弁当作りから得た、限られた時間で合理的に確実においしく作るノウハウを本書に注ぎ込んだ。近著に『フライパンひとつで何つくる?』(小社刊)がある。

https://www.iharayuko.com/

STAFF

撮影　石井宏明
スタイリング　河野亜紀
アートディレクション　中村圭介(ナカムラグラフ)
デザイン　伊藤永祐　鈴木茉弓(ナカムラグラフ)
調理アシスタント　岡田みなみ
校正　堀江圭子
構成・編集制作　野澤幸代(MILLENNIUM)
企画・編集　川上裕子(成美堂出版編集部)

これがほんとのお弁当のきほん

著　者　井原裕子（いはらゆうこ）
発行者　深見公子
発行所　成美堂出版
　　　　〒162-8445　東京都新宿区新小川町1-7
　　　　電話(03)5206-8151　FAX(03)5206-8159
印　刷　大日本印刷株式会社

©SEIBIDO SHUPPAN 2021　PRINTED IN JAPAN
ISBN978-4-415-32932-1
落丁・乱丁などの不良本はお取り替えします
定価はカバーに表示してあります